南丁格尔
志愿者日志

主 编 杨青敏

上海交通大学出版社
SHANGHAI JIAO TONG UNIVERSITY PRESS

内容摘要

南丁格尔精神代表了护士这个职业的崇高使命,把自己的博爱带给身边的每一个人,促进健康、呵护生命是我们护士的责任。

在上海市第五人民医院里有这样一支队伍——南丁格尔志愿小分队。在社区、工厂、学校等场所,都能看见她们的身影。她们立足医院,围绕"奉献、友爱、互助、进步"的主题,服务患者和居民,回报社会,在医院与社会之间架起一座爱心桥梁,用行动谱写了一曲志愿者之歌。志愿者们把每次活动的感悟、感想写成日志,鼓励自己,鼓励团队。今天,我们把日志汇编成册,献给中国南丁格尔志愿者总队成立 10 周年。

图书在版编目(CIP)数据

南丁格尔志愿者日志/杨青敏主编.—上海:上海交通大学出版社,2017

ISBN 978 - 7 - 313 - 18005 - 6

Ⅰ.①南…　Ⅱ.①杨…　Ⅲ.①志愿-社会服务-中国-文集
Ⅳ.①D669.3 - 53

中国版本图书馆 CIP 数据核字(2017)第 205099 号

南丁格尔志愿者日志

主　　编:杨青敏

出版发行:上海交通大学出版社　　　　　　地　　址:上海市番禺路 951 号

邮政编码:200030　　　　　　　　　　　　电　　话:021 - 64071208

出 版 人:谈　毅

印　　制:上海华业装璜印刷有限公司　　　经　　销:全国新华书店

开　　本:880mm×1230mm　1/32　　　　印　　张:5.5

字　　数:130 千字

版　　次:2017 年 11 月第 1 版　　　　　　印　　次:2017 年 11 月第 1 次印刷

书　　号:ISBN 978 - 7 - 313 - 18005 - 6/D

定　　价:38.00 元

谨以此书献给

中国南丁格尔志愿护理服务总队成立 10 周年

编委会

序

一

　　中国南丁格尔志愿护理服务总队成立于 2007 年，这是全国第一支由护理专业人员组成的志愿服务组织。总队的宗旨是遵循红十字运动的七项基本原则，发扬红十字精神和南丁格尔精神，开展护理志愿服务，传播健康理念，促进社会和谐进步。

　　在中国红十字总会的直接领导下，全体志愿者风雨同舟走过了多彩的十年。志愿者们用一颗颗金子般的爱心，关爱着百姓的健康，影响着我们身边人，壮大了我们的队伍，取得了可喜的成绩。

　　在总队成立十周年之际，上海市第五人民医院志愿服务小分队的南丁格尔志愿者们，将他们进社区、进灾区、进学校和在护理岗位上的志愿服务模式、志愿者培训和志愿服务感悟等内容编撰成此书。本书记录了每一位志愿者奉献的爱心及带给志愿者的那份快乐。可供南丁格尔志愿者的学习参考资料，这是献给总队十周年最好的礼物。

中国南丁格尔志愿护理服务总队理事长

第 38 届南丁格尔奖章获得者

王雅屏

2017 年 8 月 7 日

序
二

　　"一件披肩，一位天使，一份责任，一股热忱"，用专业、爱心、耐心、细心和责任心，传递关爱，传递温暖，这就是我们平凡而伟大的南丁格尔志愿者，用他们的休息时间开展志愿服务，走进学校，为祖国未来的花朵普及健康知识；走进养老机构，为孤独老人测血压、测血糖；走进社区，为社区居民提供免费的健康咨询；走向大众，为百姓普及科普健康知识；走向灾区，为她们送去温暖……一份关爱，一滴汗水，一份真情，让我们这个世界，充满了阳光。

　　本书是我们复旦大学附属上海市第五人民医院南丁格尔志愿者小分队的志愿者们志愿活动的真实写照，这支队伍有 5 人获中国南丁格尔志愿护理服务总队先进个人，团队 3 次获得中国南丁格尔志愿护理服务总队先进分队。她们把自己每一次的志愿活动写成志愿者日志，在社区、在工厂、在灾区……感谢我们的南丁格尔志愿者们，让我们的爱不断的传递下去，让志愿者的精神、行动永远传承。

复旦大学附属上海市第五人民医院　党委书记

施晓群

是金子，在哪里都会发光。好多人都懂得这个道理，但真正做到的人却并不多。在人生的旅程中，积极的心态像太阳，照到哪里哪里亮；消极的心态像月亮，初一十五不一样。要成为一名优秀员工，不仅需要心路，更需要新路。

踏上上海市第五人民医院（五院）这片绿海，选择护士这份职业，从始至终都需要我们对生命充满关爱和敬畏。有人赞美我们是白衣天使,的确,在"5.12"汶川大地震中,涌现了一批又一批的白衣优秀天使。她们如太阳,照亮着每一个受伤者的心灵,给予他们温暖。在默哀的那3分钟里,我在心里许下誓言:"木直中绳,博学载医,全心全意为护理事业做出贡献!"

每个人都会成为历史的永久,面对即将上任的工作,我在思考,如何成为一名优秀的员工。因为这不仅是社会发展的需要,更是医院生存的需要,个人进步的需要。年轻人是初升的太阳,给社会注入新鲜的血液。态度决定一切,我们需要认清自己,才能不断本我、自我、超我。

在五院这片希望的田野上,要勇于尝试自己从未经历的事情,承担有难度的工作,对自己的能力要有更高的期望。我们本着中国红十字会"人道,博爱,奉献"的精神,成立了复旦大学附属上海市第五人民医院南丁格尔小分队。志愿者们利用自己的专业技能和业余时间,开展志愿者活动,走进社区、工厂、学校,服务百姓,向百姓传递健康科普知识。每一次活动有计划、有落实、有督查、有记录、有小结。志愿者们把爱心化为行动,去关爱社会上的每一个需要得到帮助的人,弘扬志愿者精神。护理岗位平凡,但始终坚持心系群众,热情服务,通过持之以恒的志愿者科普行动实现自己的专业价值。每位志愿者之于社会,无异于沧海一粟,而正是这无数的沧海一粟,构成了川流不息,构成了波澜壮阔。人道主义事业赋予中国红十字会的责任是:保护人的生命和健康,帮助最需要帮助的人群。我们坚信,在人道主义的感召下,一个更美好的世纪将展现在我们面前。让我们用人类最美好的愿望——人道的力量,为人类的发展进步,献出自己的一份爱。

目录

目
录

目
录

目
录

一、抗震救灾（地震无情，人间有爱）

> 我告诉你，爱神是万物的第二个太阳，他照到哪里，哪里就会春意盎然。
>
> ——查普曼

活着就是胜利，健康就是幸福

作者：青敏

5月12日14时28分！突如其来的灾难猝不及防，让宁静舒适的家园毁于一旦，让相濡以沫的亲友天人永隔，让健康鲜活的生命戛然而止……里氏八级的地震，山崩地裂的摇晃，断壁残垣里，只剩下生命凋亡后那无数惨绝人寰的残缺与凄凉……

那几天的日子里，心情固然是沉痛的，然而真正让心灵为之震

撼的却是中国人在面临灾难时表现出的团结与坚强。从国家领导到普通百姓，从军队战士到医护人员，从抢险队到志愿者，从教师到学生，从父母到孩子……一个个不同的角色所谱写的动人故事，或是一个细微的动作，一句简短的话语，都会让人潸然泪下，感动不已。

我常常认为，英雄只是那些被新闻媒体播报宣传的人物；而当听到我院援川医务人员事迹的宣讲时，突然明白，其实英雄就在我们身边。在德阳沱江西路上的临时医院，在四川省人民医院，在绵阳安县重灾区的帐篷医院，援川的前辈和老师们，面对着频繁的余震，多变的天气，恶劣的环境，还有许许多多我们根本无法想象的困难与危险，战斗在抗震救灾的第一线。一张张照片在屏幕上闪现，让我们惊奇地发现，前线的老师们不仅仅承担着诊疗、抢救、护理、安慰的工作，他们还成为转移病患和医疗物品的搬运工，成为陪伴灾区小朋友们的临时老师，甚至成为煮饭烧菜的炊事员……虽然照片上展现的是他们黝黑疲惫的脸庞，但是热情而温暖的笑容却始终挂在他们的脸上。

宣讲的老师告诉我们，当他们看到那句"活着就是胜利，健康就是幸福"时，他们感动；当他们救护的伤员拉着他们的手表示感谢时，他们感动；当他们医治的病患感激他们的救助送上仅有的腊肉时，他们感动；当人民子弟兵帮助他们搬运物资，在帐篷周围挖渠排水时，他们感动；当后方医院的领导同事送上一条又一条慰问的短信时，他们感动；当他们离开灾区时当地人民眷恋不舍甚至泣不成声时，他们感动……

然而，当我们看到前线的医务人员面对可能发生的余震却始终不愿转移，坚持要和伤员待在一起；看到他们为了抢救伤员不辞辛劳夜以继日地工作；看到他们将患者送上的一点点腊肉转送给更需要的伤员；看到他们为子弟兵一次次的诊疗随访，送去一箱又一箱医疗物品;还有那些我们无法听到看到的照片之外的故事和画面,这一切的一切都让我们为之深深感动,湿润了眼眶……

面对灾难,我们每个人的心底都会有一份至真至诚的关爱,中华民族的精神早已深入灵魂,在我们的血液中流淌。爱心在呵护生命中传递,情感在抗震救灾中升华,而在感动和激励中,我们更深刻地领悟到的则是精神的伟大与责任的重大。拥有护士这一高尚而神圣的职业,面对美好而坚强的生命,我们更应该伸出臂膀,去守护生命,去托起生命的希望!

出 征 感 想

作者: 苗苗

自从"5.12"汶川大地震发生以来,通过媒体看到了一幅幅震撼人心的灾区画面、听到了一条条来自灾区的新闻,我的内心久久不能平静。大自然就在短短的几分钟里夺去了那么多同胞的生命,一时间地动山摇,天地共泣。作为一名普通的医务人员,我始终急切地渴望能够在第一时间就赶赴灾区现场去挽救一个个鲜活的生命,带给灾区同胞们生命的希望。一次次地请战,一次次医疗队集结,一次次看着自己的同事奔赴灾区执行任务,心中的渴望更加迫切。终于,当接到我将有幸参加闵行区卫生局对口援建四川省都江堰市浦阳县卫生院医疗队的任务时,一时之间,百感交集。激动,因为终于能够亲临灾区为四川同胞们服务;忐忑,因为对灾区的情况还不是很清楚,担心能不能完成任务。但是,最多的感受还是决心,一种坚决战胜一切困难的决心,一种为了灾区人民倾尽所有的决心,一种血浓于水的同胞互助的决心。

6月29日早晨,我随上海市各区县卫生系统医疗队的百余名成员一起集结在上海浦东国际机场，搭乘专机飞赴上海市对口支援的四川省都江堰市。一到都江堰市，就看到街道上、公共场所中到处都留有地震肆虐后的痕迹，还有很多倾斜、开裂的危楼，可以说是满目疮痍。虽然，在过去的一个多月中，已经无数次看到新闻中的灾区图片，但当自己到了灾区，如此真切地感受地震带来的种种影响时，还是不免心生对自然力量的敬畏。

这是我第一天抵达都江堰市的所见所闻，明天就将投入到援建都江堰市浦阳镇医疗点的工作中去了。铮铮誓言仿佛就回响在耳旁，我一定会以一名党员、一名白衣天使的标准来要求自己，尽我所能地帮助灾区尽早恢复卫生医疗点的正常运作，为保障灾区人民的健康尽自己的所学所能！

牢记重托　不辱使命

地震后的病房楼

今天是我们入川的第三天，从第一天的安置整顿，到第二天的入院摸底，再到今天的仔细勘察，我对自己的工作环境以及以后3个月的工作任务有了一定的认识与定位。

记得在出发前的动员大会上，院领导这样嘱咐我们："一定要以当地的医政工作为主，协助当地的医务人员恢复医疗卫生工作，我们的主要工作为支援而非支配。"

通过两天的了解，我认识到这次任务的艰巨，地震对于蒲阳镇卫生院的破坏是十分严重的，当时患者都居住在临时搭建的帐篷中，医疗卫生环境相对较差，各项规章制度很不完善。

我们"丰盛"的午餐

我们的集结地

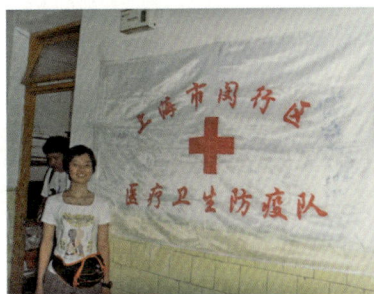

我与我们的队旗

患者的帐篷

我们坚定着——记医疗巡回中的一次"遇险"

作者：苗苗

天灾让我们遇到了一起，因此我们热爱这片土地。我们的坦诚，使不同信仰不能成为我们的障碍，不同的语言不能成为我们的障碍，不同的教育背景不能成为我们的障碍，我们都愿

我们与灾民在一起

意为灾区人民的幸福和谐而奉献。我们坚定着。

2008年7月31日，一辆小奥托奔驰在巡回医疗的乡间小路上，车上的4个人正在激烈地讨论着下一个去看哪个返乡的伤员，路线怎么走最便捷……

突然，车窗外的摩托车在剧烈地晃动、车旁的危楼也开始左右摇动、小车则开始上下抖动，没有任何地震经验的我们还没有反应过来是地震，司机是当地人，他迅速将车开到两个房子的空旷地并大喊："地震了，快点下车！"一语惊醒了还在愣神的3个人，我们马上下车站在空旷的地方等候。

"快，杜苗，打电话给程局，汇报我们这里的情况，问他们那边是否安全。"组长孙克玉一边组织周围的群众避难，一边交代。

一次、两次、三次……十次，电话一直打不通，换一个人的手机打，队友的手机一个个打过来，皇天不负有心人啊！电话终于打通了："地震了，你们知道吗？你们那边情况怎么样？大家都安全吗？"一连串急切的问候不约而同地冲出口。经过再三确认都没事，大家一颗悬得很高的心才算放了下来。跟队长确认了队友的安全，没有了后顾之忧，开始继续我们的巡回医疗。事后才知道那是6.1级的大余震。

地震虽然可怕，但是当你身穿白大衣，心装返乡伤员，胸前别着党徽的时候，你会觉得面对地震我们可以无所畏惧，毫不退缩，同舟共济。我想可能余震以后还会发生，只要我们心中有爱，那么"风也从容，雨也从容，我们可以仰望猎猎风中那飘扬旗帜上的五星，我们可以遥望到天边的彩虹"。

牵 挂

作者：苗苗

　　3 个月的援建生活让我与灾区的人民心相连，手相牵。让我永远地记住了岷江水、记住了都江堰蒲阳镇的每一条街道、记住了每一位与我并肩作战的兄弟姐妹。此次有幸带着五院党政领导对灾区护士姐妹们的关心，带着五院护士姐妹们对灾区的爱心重返故地，难舍的仍是心中的那份牵挂。

　　牵挂，是人与人之间一种珍贵的情感。它没有虚伪的杂质，也没有功利的色彩。牵挂，是慷慨地给予无私的奉献，是深深的祝福和默默的祈祷。牵挂，不是虚无缥缈的海市蜃楼，而是一种实实在在、真真切切的细节与作为。牵挂，是一颗心对另一颗心的深深惦记，是一份亲情，一缕相思，一种责任。这次重返故地，我所携带的正是五院人对灾区的牵挂，对灾区每一位护士姐妹的牵挂，一件羽绒背心，一份深深的惦念。20 件羽绒背心，重量很轻，分量却很重，那是几千颗与灾区同胞一起跳动的爱心呀！

　　从飞机起飞的那一刻起，我就再难掩盖激动的心情，灾区的一幕幕就像放电影一样在我脑海里不停地闪现，飞机着陆后我们一刻也没有耽搁，直奔都江堰蒲阳镇公立卫生院而去。虽然是周末，但是得知我们要来的消息后，她们还是从家里赶往医院，在医院等着我们。一路走来，看到原来的废墟已经被清理，政府规划建造的板房也已初具规模，觉得不管怎样，她们总算也有了固定的工作和生活场所。真

正坐在板房里跟她们交流的时候才体会到那薄薄的板材根本无法抵御寒风的侵袭，板房也不似想象中的那样密不透风，她们就在这样艰苦的环境中坚守着。我看到她们的手都冻得开裂，我以为她们会向我诉苦，可是她们却没有，她们脸上仍然洋溢着一如既往的笑容，神情也是一如既往的坚定与乐观，这让我想起了初到四川时的感悟"川人何其不幸，川人何其不屈"，她们用自己的双手，用自己的坚韧，一点点地重建自己的家园，从一无所有到现在的板房，再到建设至一半的医院，她们一步步坚定着自己的步伐。我再一次被她们的精神所感动，希望我们的礼物能够给她们带去温暖，可以让她们穿在身上，暖在心里，让她们相信：我们的心永远与她们在一起。

她们指着初具规模的板房医院自豪地向我介绍着自己亲手创建的一切，并邀我明年再来，来看看蒲阳卫生院，那时候的卫生院肯定会更好，她们说，因为我们的支持让她们觉得更有信心，相信在全国人民的支持下，她们很快就可以重建家园，而且会比昨天更美好。

返回成都的路上，我想明年肯定会再来，即使现在我回上海了，但仍然牵挂着灾区。对灾区的牵挂，就像一片云，随着天空中的飞鸟四处飘荡，穿越千山万水，萦绕在每一个人的心头。也正是为着这同样的一份牵挂，我们曾经走到了一起，就像兄弟和姐妹一样，为了那共同的目标，向着明天的阳光——迈进！

爱 的 奉 献

作者：华华

  2009 年 3 月 8 日，我们一行 3 人（夏怀华、黄英、杜苗）有幸在院部领导的支持下，带着全院护士姐妹们对灾区人民的爱心，随中国南丁格尔护理服务志愿总队一起再次去四川灾区，慰问那些一直坚守在岗位上，兢兢业业的白衣天使们。

  3 月 9 日，我们与红十字会的两位老师，一行 5 人，来到德阳什邡市第二人民医院慰问。什邡市第二人民医院是什邡地区地震期间唯一一所能够正常接诊的医院，在地震期间承担了附近的所有医疗急救任务，从地震发生后的一个月里，他们医院的所有医务人员都没有离开过自己的战斗岗位，没有回过家。我们受到了当地红十字会以及什邡市全体医务人员的热烈欢迎，当天上午就召开了物品的捐赠仪式，仪式结束后我们还召开了座谈会，与灾区的护士姐妹们一起就大家关心和关注的问题进行了交流。

  在此期间我们 3 人还抽空各自到之前支援的重灾区看望了曾

经一起并肩作战的兄弟姐妹们，看着他们日渐好转的工作和生活条件，看着他们依旧乐观坚强的精神状态，我们的心中感到无比欣慰。

重返灾区，我们都被灾区同胞那种不屈的精神感动着、被两位年过半百却依然不停奉献的红十字会的老师感动着；我们感悟到的是南丁格尔的精神，是那位提灯女神无私奉献的精神；作为南丁格尔志愿者我们的唯一愿望就是要永远与灾区的姐妹们心相连，手相牵，关爱四川一生一世；我们感谢北京总队为我们搭建了与灾区护士沟通的桥梁，感谢医院领导给了我们这次去四川灾区为大家服务的机会，在千余人中选中我们，是我们的骄傲与自豪；我们也深深地体会到人应该怀有一颗感恩的心，生活才会更加美好。

再见"紫娃"

作者：英英

服务四川一生可能只有一次，然而关爱四川却可以一生一世。当初在绵阳安县的晓坝，我们医疗队并肩作战，今天我带着全体队员的关爱再次来到四川，回到绵阳。

道路依旧颠簸，但阻挡不

了我再去绵阳的决心。中午飞抵成都后，我们就乘车赶往绵阳，来回将近7小时的车程，我们赶往绵阳市安县晓坝镇卫生院，"紫娃"在那里等着我们，途中我想象着见面时不同的场景。可是当我见到"紫娃"时却激动得一时说不出话来，"紫娃"却一眼就认出我是上海医疗队的黄阿姨，满脸的惊讶与喜悦，看到"紫娃"健健康康的，我悬在半空的心也放了一半在肚里，她还像个小大人一样问医疗队的叔叔阿姨现在好吗？我告诉她说："医疗队的叔叔阿姨都很好，也都很想念她，大家都问她好。"看望了"紫娃"，也带去了大家的关心与关爱，最后把大家捐款购买的"爱心羽绒背心"送给了安县人民医院的护士姐妹们。接待我们的院长说："真的没想到你们会再来，还带来了这么贴心的礼物，相信有你们的支持和帮助，我们的明天会更加美好。"

第二天，我们跟随中国南丁格尔护理志愿服务总队的两位老师一起到德阳市第二人民医院，看望那里的护士姐妹们。在山崩地裂，举国同悲的那一刻，她们用柔弱的肩膀挑起了守护生命的重担；在灾难过后，她们用她们的坚强，用自己的双手重建家园；直至今日，她们仍然坚守在平凡而伟大的岗位上，恪尽职守。我们被她们的精神感动着。寒冷的冬日，她们在活动板房里，为每一位患者精心的诊治、护理，那薄薄的板材不能抵御寒风的侵袭，但是她们身上的那件白大衣却可以抵御任何的狂风暴雨，因为那是一种责任的象征，当她们穿上它时，就变成了人民健康的卫士，为了人民的健康，她们可以与所有的困难做斗争。灾难过后，人民的身心都遭受了重创，她们用自己的爱心、信心、责任心，抚平所有的创伤，日复一日，从不间断！灾难面前我们曾与她们携手并进，并肩作战；重建路上我们同样会与她们同心协力，再建家园。

这次重返灾区的过程，让我更加坚定，当天空失去美丽的时候，我们等待着明天的站起，当我们生死不离的时候，生命将生生不息。强忍昨日伤痛，清除断壁残垣，生活仍在继续，梦想仍然在前行，我们会帮助你们一起用双手重建家园,筑就你们回家的路基。

援 川 日 记

作者:怀华

今天是到达成都四川省人民医院的第三天,天气晴朗,我们来自闵行、宝山、嘉定、南汇四个区的 12 名 ICU 护士全部被安排在急救中心监护室,昨天,也就是抵达成都的第二天,大家就积极地投入到紧张、有序的工作中。我们互相照顾,互相帮助。而院里的同事们陆续知道我们已经来到灾区,无数的短信传到我们的手机上,医院的领导、护理部的老师、科里的主任和护士长们也是随时关注,随时嘱咐。大家都表示是我坚强的后盾,让我注意身体,注意安全。大家的短信像一股股暖流温暖着我的心,可由于工作非常忙或是信息收到的不及时,大多都没有及时回复,但大家的心意我收到了,大家的惦念我感受到了,衷心感谢所有给予我关怀的同事们,我一定不负重托,代表你们圆满完成任务。

监护室目前收治了 14 位重危患者,其中地震伤 10 名,病情都相当危重,且病情复杂,均出现各种并发症,随时都面临死亡的危险。作为队长,我深知自己肩负的使命,因此,我每天早上六点半就来到监护室,关心并了解夜班护士的工作情况。监护室的伤员伤势危重,病情多变,每天都要工作到晚上 8 点多才离开。尽管每天工作量非常大,但大家的工作热情高涨,纷纷表示为了灾区患者早日康复,再苦、再累都愿意,都值得,队员们都主动加班加点工作,每天要加班2～3小时以上。对此,身为队长的我,也深深为我们的队员们而感动。

在这里,大家尽自己所能让灾区的伤员早日康复,也是我们所有医护人员共同的心愿。

一、抗震救灾(地震无情,人间有爱)

二、 初训（约车治装，勤学苦练）

> 只要我们具有能够改善事物的能力，我们的首要职责就是
> 利用它并训练我们的全部智慧和能力，来为我们人类至高无上
> 的事业服务。
>
> ——赫胥黎

与死神赛跑，为生命护航

作者：惠芳、爱珍、娜维

2007 年 12 月初，我们一行 3 人参加了由中国红十字会举办，为期一周的北京救护师资培训班。通过 7 次培训，使我们学习和领悟到许多知识和经验。而红十字会老师严谨、负责、和蔼的教学给我们留下深刻的印象。

《救护》培训包括心肺复苏，气道异物的梗阻，创伤救护、常见急症、意外伤害、灾害事故等相关内容。通过《救护》课程的理论讲授，播放影像和实际操作训练,受训人员都能掌握救护理论和实践操作技能。

现场救护学习中深刻体会到现场救护的原则:挽救生命,减轻伤残。而心肺复苏(CPR)技术,就是针对骤停的心脏和呼吸采取的"救命技术",CPR技术它所需的一切就是一双手,一旦发生心跳骤停,4~6分钟脑细胞即发生缺血缺氧而引起损伤。超过10分钟则发生不可恢复的损害。因此4~6分钟实施CRP可谓"白金时间",10分钟内实施CPR可谓"黄金时间"。从现场救护的七步法到专业救护的八步法,每一个细微的动作和步骤都得到老师的细心指导和纠正。我们虽然刚参加过心肺复苏的技能培训,但上场操作时,却连最基本的现场呼救都没做好。就像我们临床工作中碰到抢救时,紧张的情绪可能让本来熟练的操作变得笨拙起来,所以,训练有素的基本功和稳定的心理素质在急救中是缺一不可的。通过实训老师非常耐心的指导和鼓励,我们顺利完成最后的考核,而老师肯定的评价也令我们自信不已。我们还通过了一对一进行复原体位翻身法,该方法适用于单人操作,更适合临床工作,比如中夜班单独上班时可以使用该方法协助患者翻身,简单、易学、实用。

现代创伤是急救中比较常见的,如车祸伤、刀伤、工伤事故等,由于创伤可涉及身体多处组织器官,伤情轻重不等,互相掩盖,容易在早期急救护理中发生漏诊、误诊或继发性损伤,若早期处理(包括急救、复苏,重要脑损伤的专科处理等)不当可影响患者的生命安全。授课的孙长临教授给我们留下了深刻的印象。不仅是因为他幽默诙谐的授课方式,更是因为他对创伤救护意识的理解,如何判断患者的轻重缓急,如何做好自我防护……在他一次次生动而精彩的论述中,通过一个个真实的案例,使我们对创伤救护有了更深的理解,其中有一个案例让我们记忆犹新。有一位斗殴致臀部刀伤患者,伤口长约3 cm。在医院做了清创缝合后,患者立即离院,不久患者病情加重，面色苍白，送到急救中心时患者已经出现了明显的休克期表现，几乎是奄奄一息，当时观察伤口不大，单结合病情考虑内出血可能性大，立即剖腹探查，结果为盆腔内动脉刺伤所致。当时患者的出血量之大令人咂舌。整条牛仔裤成了"铁裤子"。通过积极抢救，患者的生命虽然挽回了，可他最终成了一位植物人。通过这些实例使我感触颇多，血的代价是惨痛的，除去患者自身的因素，我们工作中是否也会出现这样那样的疏忽。该如何把工作做得再细致些，避免这些悲剧发生呢？其实说到底就是"责任心"的问题。最后我们还进行实际操作训练，比如，遇到一起现场车祸，有头部外伤，胸部异物插入；大腿骨折；颈椎损伤等如何一一进行救治。这种考核方式不仅考验你现场判断处理能力，还有组织协调能力，就如同临床工作中如何迅速有效地配合医生进行抢救工作一样，需要冷静的头脑思维，镇静的意识，迅速的反应能力，敏捷的动作，一切都要在忙而不乱中进行，我们一组 4 人配合，合作得非常好。

最后一天，我们每位学员都要发言授课，虽然仅仅是短暂的十几分钟时间，却要考验授课者知识掌握能力和口头表达能力，就像老师说的那样："如果你要给学生授课，你的肚子里要有一桶水才能取出一瓢水来！同时相信自己的能力是最好的，起码是好的！"我们结合临床带教和工作中经验，将授课完成得很出色。

这次培训的时间非常紧凑，要求我们每位学员都必须通过救护理论考，实操训练考，个案书写和试讲。通过一周的相处我们与老师都结下深厚的友谊，也被老师一丝不苟，敬业的工作态度所折服！而这些学习的重要体验也将成为我们今后工作的动力和源泉，不仅丰富了我们对急救的新认识，也对最新急救技术有了掌握，学到了不少授课技巧，真是受益匪浅！

随着我国社会经济的发展，人们生活水平也在不断提高，对生命和健康认识也不断提高，我们医务人员有责任为普及救护知识而努力,应秉承中国红十字会"人道、博爱、奉献"的精神,真正为患者服务!

公益在行动

作者:玮琪

2008 年 6 月初,我和医院呼吸监护室的钱春英在北京参加了由中国红十字总会举办的2008 年彩票公益金项目救护师资培训班的培训。

行有道 爱无界

救护师资培训项目是由中国红十字会投入彩票公益金与地方红十字会共同举办的救护师资培训班,为全国 31 个省市区培训师资。通过彩票公益金项目的资助,红十字会建立了一支稳定、规范的救护培训师资队伍,初步缓解了长期以来地方红十字会救护师资严重不足及培训经费严重短缺的问题,为红十字会救护员的普及奠定了基础。该项目还组织编印中国红十字会救护师资培训教材 5 万册,制作救护教学挂图 65 套,宣传展架 5 072 套。宣传贴画 25 万张,宣传折页 32 万张,救护培训教具 238 套,实现了培训教材,质量标准,教学计划,参考发证的项目目标。

该项目是"取之于民,用之于民",所以这次培训的时间非常紧凑,可以说是进行了为期 7 天半的封闭式训练;很荣幸我们也是上海市唯一参加此项目的单位。

在这 7 天时间中我们通过救护理论、实操训练、个人书写和试讲的培训和考核后圆满结业。老师的严谨、负责给我留下深刻的印象,

二、初训（约车治装、勤学苦练）

而且所有授课老师都是志愿者，没有报酬，真正秉承了人道、博爱、奉献的红十字精神。

我要尽己所能，服务社会，有一分光，发一分热，和护理同道为社会办实事，用爱心体现自身价值。

撑起危难中的生命链

作者：娜维

这次，我很荣幸参加了由中国红十字会开办的第 38 期救护师资培训班，通过一个星期的学习，收获很大，使我对救护知识有了更进一步的认识，尤其是院前救护的及时性、有效性，直接关系着生命存活的关键。

所谓救护新概念，是指在现代社会发展和人类生活新的模式结构下，利用科技进步成果，针对生产、生活环境下发生的危重急症、意外伤害，向公众普及救护知识，使其掌握先进的基本救护理念与技能，成为"第一目击者"，以便能在现场及时、有效地开展救护，从而达到"挽救生命、减轻伤残"的目的，为安全生产、健康生活提供必要的保障。传统的救护，遇到危重伤病员往往只做简单的照护，然后尽快地寻找交通工具将患者送医院急诊室，以致耽误了挽救生命的"黄金时间"。美国心脏病学会于 1992 年 10 月在《美国医学杂志》上正式用"生命链"这个词，予以描述抢救序列，即早期通路，早期心肺复苏，早期心脏除颤，早期高级生命支持，所有环节进行得越及时、充分，效果就越好。我们知道救命的黄金时刻就是心脏骤停的 4～6 分钟,一旦错过这个黄金时刻,一切都将不可逆。很多时候就丧失了挽救生命的良机。现场救护就是为了挽救生命,减轻伤残。对于心脏骤停者,在现场及时有效地采取心肺复苏(CRP),对伤病员的生命起着积极重要的作用,也是在专业急救人员到达现场进行心脏除颤,高级生命支持前所能获得的最好的救护措施,所以对现场的救护非常关键。

学习班的课程内容非常丰富多彩,它从 3 个方面展开了培训:

(1)对发生常见急症、意外伤害、突发事件等如何采取有效、及时的救护理论知识的传授。包括现场评估安全性,对各种疾病和损伤的原因进行判断、检伤分类、确定受伤人数、紧急呼救 EMS 系统(救援医疗服务),并做好自身防护工作。授课老师都是来自各大名院的教授和专家,有着极其丰富的临床经验和扎实的理论知识,他们将理论知识与临床实践有机地结合在一起,加深了我们对理论知识的理解。

(2)对实施救护的操作进行培训:心跳呼吸骤停时进行 CRP、AED 的使用,气道异物阻塞时用海默手法将异物去除,对创伤现场采取止血、包扎、固定、搬运及检伤步骤的学习。老师们规范的示教、耐心的讲解,及时纠正错误的地方,最后还进行了严格的考核。

(3)关于授课技巧的培训和试讲:老师通过传授授课经验和技巧,教你如何抓住讲课要点和演讲程序。最后,每位学员以每人 10 分钟讲课,老师进行点评和考核。通过这样相互交流的平台,增进了每位学员的讲课经验,相互取长补短,加深对知识的认识。

随着经济的发展,社会的进步,人民生活质量的提高,向广大人民群众普及现代救护观念和技能显得尤为重要。救护员已不限于医务工作者,应普及到社会大众,更需要将救护知识普及到社区、农村,对普通民众进行健康知识讲座,传授突发事件的防范和处理知识。

我们将继续为我们的护理事业添砖加瓦!

人道、博爱、奉献

作者：春英

2008年6月10日我非常有幸和护理部的曹老师一行两人前往北京参加为期一周的中国红十字会救护师资班的培训,此次培训课程设置丰富、理论结合实际,使我受益匪浅。同时红十字会的各位老师认真、严谨、负责的教学态度也给我留下了深刻的印象。

救护师资培训内容主要包括理论、实践、操作及考核,试讲三大部分组成,它从挽救伤员生命,减少伤残,减少突发事件及自然灾害造成的损失,保护生产力的需求出发,论述了救护新概念、心肺复苏、创伤救护、常见知识、意外事件的相关内容,使我们每一位受训者都掌握了基本的救护理论。通过两天的实践操作(包括心肺复苏抢救、外科包扎技术及躯体突发事件的处理等),让我们将理论知识充分地运用到临床实践过程中。在操作过程中,老师一遍一遍地指导我们,每一位受训者都非常认真、细心地学习、练习直至完全掌握。最后一天,我们进行了关于培训课程的试讲课,虽然只有十几分钟,但要考验授课者知识掌握能力及口头表达能力,对于我来说,这次任务非常具有挑战性。因为我没有过这样的讲课经历,第一次上台讲课难免会有紧张情绪。因此,在晚上我就反复地练习,自己讲给自己听,终于顺利地完成了考核,非常开心,也是一次非常宝贵的经验。

虽然只有一周的培训时间，但我学习到了许多宝贵的知识。我想这样的学习机会将成为以后工作的动力和源泉。希望能将所学到的救护知识、普及到社区、学校……能让更多人掌握救护的方法，加入到挽救生命的行列中来。我想，我会一直秉承中国红十字会"人道、博爱、奉献"的精神，真正地为患者服务。

文化的韵味，心灵的升华

作者：静静

2008年7月初，我和急诊护士乔媚参加了中国红十字会救护师资班的培训，短短的七天时间，不仅让我领会到文化的韵味，也完善了我的学习技能。

首先，让我最感动的是红十字会各位老师的精心准备和课程安排。将吃、住、行都安排得妥妥贴贴，非常周到。课程安排既有老师的操作演示，学员们的动手训练，又有学员们自身的授课训练，从不同的角度来进行救护师资培训，红十字会的老师们不厌其烦，耐心指导各位学员操作手法，一一纠正，这种敬业精神让我们备受感动。

在一周的培训过程中，首先从心肺复苏（CPR）的培训开始，我想这对我来说是没有难度的，因为我有这个基础，但一旦真正徒手操作，练习时却发现我们很多动作并不规范，在老师的指导下我认真学习，操作培训后终于取得了优良的成绩。在止血包扎的操作培训中，通过学员之间的互相操作，我学到了各种止血、包扎技术，这对我以后的工作起到很大的指导作用。

最后，在师资的授课中，每位学员主讲课5分钟，我选择了异物的处理方法，并进行了操作的演示，得到了老师的表扬。

通过这次救护师资班的培训，让我不仅在急救技术中有了质的提高，更体会到了各位老师严谨、认真的敬业精神。作为一名南丁格尔志愿护理服务者，我要用学到的知识为广大的病患、社区群众服务，得到心灵上的升华。

时刻打开生命的通道

作者：小媚

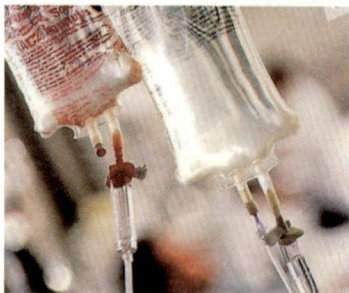

2010年3月，北京寒气逼人，春雪不停。我院南丁格尔护理志愿者服务队一行6人来到中国红十字总会，参加了为期一周的救护师资培训班，在这短短的7天里，我们不仅仅领略了早春的北京风光，古都的风貌，更被红十字会各位老师们严谨踏实的工作态度所感动，这次救护师资培训课程在初训的基础上做了调整，重点在心肺复苏和创伤急救操作培训和考核，也安排学员参观了海淀区公关安全馆，每位老师的讲课都给我们留下了深刻的印象。在课程之中给我最大启发的是解放军总院304医院急危重症中心的何忠杰主任的课程：随着自然灾害和人为灾害的增加，疾病谱的改变，人口老龄化的改变，决定了只靠医生的急救是不够的，必须团队合作。观念的更新给我带来深深的启发，对我们急诊科医护人员来说，发展并掌握急救技术至关重要,在患者心跳骤停后以最快的速度给予电除颤,进行循环支持,抢救患者的生命。通过学习,我巩固并加强了心肺复苏理论和操作的培训,希望能让每一位南丁格尔志愿者都能有这样的学习机会。接受培训后,我们南丁格尔护理志愿者服务队成员应利用节假日下社区、学校进行理论CPR、创伤包扎培训,普及理论知识,也可向各学校分发安全、急救宣传册,加强老师、学生的防灾、减灾意识。

非常感谢本次南丁格尔护理服务总队给予我们这次培训的机会。只有我院6名队员参加,所以我们非常珍惜这次机会。5月上海世博会的召开让我们这些志愿者深深感受到肩上的责任和义务,我们将秉承人道、博爱、奉献的红十字精神,为社区居民、为病患的健康尽绵薄之力。

守护生命

作者:玮琪

2010年3月上旬,我有幸参加了在北京举办的为期一周的《救护》师资培训班,《救护》师资培训由理论课、操作课、试讲三部分组成。通过一周的学习,我不但在急救理论和急救技能上有了提高,更重要的是提高了急救的意识。

救护新概念让我走出误区,现代救护是指在案发现场,对伤病员实施及时、先进、有效的初步救护。在传统概念中,人们首先想到的是医院和医生,这恰恰是耽误急救第一时间的误区。伤者周围的"第一目击者",不论是否医务人员,都应争分夺秒地对伤者进行急救。

救护技能实操后,我意识到,当遇到伤者进行急救时,救护人员也要做好自身防护。如远离不安全区域,接触伤口等尽可能做好自身防护,更重要的是积极寻求他人帮助和见证。在伤者较多时,合理评估和救助,使伤情最重的患者及时得到处理。

理论和技能的学习只是我们此行的目的之一,更重要的是我们将要把此次学习的成果传授给更多的普通群众。当意外发生时,现场的每个普通人都有可能为他人的生命提供救助,这才是我们学习的真正目的。作为一名护士,守护生命是我们的职责,但如能将救护生命的方法传授给更多的人,让更多的人加入到我们的行列中来,这才是最有意义的救护。

不忘初心,方得始终

作者: 妞妞

2010 年五月中旬,我们一行人由胡惠芳老师领队,参加了由中国红十字会在北京举办的为期一周的救护师资培训班,培训内容包括心肺复苏术,创伤救护,气道异物梗阻,常见急症,意外伤害,突发事件等等相关课程,并以多媒体影像资料,案例分析,急救物品的使用方法展示,实践操作,模拟授课等。此次培训使每一个培训班学员从理论知识到实践能力、表达能力、组织能力、观察能力等各方面得到了充分的锻炼。而每一位老师严谨的教学态度也让我们印象深刻。红十字会是以人道,博爱,奉献为宗旨,长期维护着我们健康，并且在救护、医疗卫生等领域组织多种培训及会议活动。作为一名南丁格尔志愿者，有幸参加了这次培训。收获颇多，不仅对救护知识有了进一步的认识和掌握，更多的是增强了我的责任感、使命感、职业荣誉感。

1. 责任感

通过此次红十字基本知识的学习，拓展了救护知识面。结合以往老师对心肺复苏、创伤救护、意外伤害、突发事件的讲解，我深深地体会到救护的重要性，在危急时刻救护员的重要地位，"白金10分钟"对生命的延续起着重要作用。或许，只要你做一个简单的动作就能带来生命的转机，我深感作为一名南丁格尔志愿者的责任和义务，同时也被一个个真实的救护案例而感动和震撼。随着我国社会经济的发展，人口不断上升，人民生活质量不断提高，对于健康的认知也不断提高，我们有责任为普及救护的知识而努力。

2. 使命感

一周的培训，从理论到操作实践，来自五湖四海的朋友，来自不同专业领域的朋友，不管是否有专业的医学知识、基础技能，都齐心协力，努力学习，我们作为护理人员，一名南丁格尔志愿者更是义不容辞坚守着这一份使命感。奉献自己所学的救护知识和技能，去帮助需要帮助的人，发扬人道主义精神，奉献自己的一份爱心，传承红十字会的理念。

3. 职业荣誉感

通过这次学习和交流，我不仅在救护的理论和技能操作方面有所提高完善，而且也提升了我的职业荣誉感。作为一名"生命的守护者"感到无比骄傲和自豪。传承红十字会"人道，博爱，奉献"的精神，更好地为患者服务。

把握黄金时间，打开生命通道

作者：蕾蕾

2008年3月3日到3月9日，我有幸到北京红十字会接受了现场急救的培训，感想颇深。

在国家红十字会急救培训基地，我们在红十字会老师的指导下，从学习现场急救基本知识入手，对急救中的止血，包扎，骨折固定，搬运，心脏复苏等方面知识进行全面学习和操作。老师为大家演示了各种外伤的止血包扎技术及现场心肺复苏术，为我们讲解了遭遇突发事故的急救，气道异物排除法及腰椎骨折的固定，搬运等，通过演示和讲解，让我巩固并更新了以前所学的现场急救知识，并加强了救人的意识。

急症发病急，变化快，正确有效地救治早1分钟，患者就可能得救，晚1分钟就可丧失救治的机会。因此，病情就是命令，时间就是生命，医护人员必须具有高尚的医德，对患者抱有高度爱心和责任感，全力以赴，分秒必争地投入抢救。通过培训使我懂得，院前急救及时、正确，可大大地提高送院后治疗的成功率。在现场，不能单纯把患者"送走了事"，要充分发挥所学的现场急救技术，首先对患者进行现场紧急救护，避免二次伤害，然后在专业人员的协助下送往医院，这是我们每一个急救人员义不容辞的责任。

仍然能记得安定、闲静、祥和的清晨，许许多多的人不远万里赶来，翘首以待天安门前的升旗仪式，在红旗下和祖国合个影，夜里，头顶是满缀星光的蓝天，在灯火万丈的广场上，2008年奥运倒计时的电子牌红字闪烁，一分一秒都是为春天的脚步声计数呐喊。现在，合着春天的气息，我依然忙碌在自己的工作岗位上，但这份记忆将时时温暖、激励着我。

神圣、神奇、神速

作者：慧萍

我有幸参加了 2008 年公益救护师资格培训班，学到了现场急救的技术和方法，我觉得非常有用，终身受益。

人类交往日趋频繁，活动空间在扩大，寿命在延长，各种疾病尤其心脑血管疾病的发生也明显增加，这些疾病往往以危重急症形式表现，危及生命。众所周知大脑一旦缺血缺氧 4～6 分钟，脑组织即可发生损伤，超过 10 分钟可发生不可恢复的损伤，最好在 2～10 分钟内进行抢救，传统的救护车很难在 4～10 分钟内赶到，因而会丧失抢救生命的最佳良机。所以普及和推广最重要最基本的急救措施，使普通老百姓都能学习和掌握基础生命支持技术，不失时机地进行抢救。如果有人在医院以外的地方发生了心跳、呼吸骤停，现场有人进行心肺复苏（CPR）抢救，可最大限度地挽救伤员的生命和减少伤残。

气道梗阻常发生于婴幼儿和老人，抢救室常常会碰到吃汤圆卡在喉部的老人，或是吃果冻噎着的小孩，家人由于缺乏抢救知识，延误了抢救时间而死亡，这真是很可惜。通过培训，我们可以在现场进行海氏急救法帮助排除异物，这种急救是非常有效和快速的。

二、初训（约车治装，勤学苦练）

在突发创伤中能及时地进行创伤的救护、包扎止血、固定搬运，可以有效地减少出血，防止休克，挽救生命，降低死亡率。固定和搬运也是非常重要的。良好的固定能减少伤员的疼痛，防止损伤脊髓、血管、神经等重要组织。

通过这次培训，让我了解更多的现代急救新概念，掌握更丰富的现代急救技术和内容，无论在院内还是院外，能通过这些掌握的技术帮助和抢救患者是非常有意义的事。

灾难中的保护伞

作者：红燕

三月的北京还是一派冰天雪地的北国风光，我们6位南丁格尔志愿者在杨老师的带队下，于2010年3月8日赴北京中国红十字总会培训中心参加为期一周的救护师资培训。这一周的培训对于每一位志愿者来说，无疑是一次宝贵的学习和锻炼机会。因为大家通过专业的培训，不但再次熟悉了技能，掌握了技能，更新了知识，在继汶川地震、海地地震等令人无法抗拒的灾难来临之时，更让我们意识到大众自救与互救的重要性。

1. 救护首先需要更新理念

培训的第一课就是救护新概念。课堂的内容除了向我们学员讲授救护知识理论之外，更为重要的是向在坐的每一个人强调救护理念的核心问题，即救护不只是专业救护人员与医疗人员的事情，也是新时代每一个普通大众必备的知识与技能。对于普通百姓来说，亲历事故现场的第一目击者，很可能就是你、我，或他中的一员，是否具备正确的急救知识，则是能否做好"第一目击者"，从而挽救生命减少病残的重要保障。自然界频发的灾难，如火灾、地震、风暴、洪水每年都带走无数鲜活的生命，人类的生命力显得异常的脆弱。因此，包括我们志愿者在内的每一位公民，要有自我保护的能力，在意外伤害事故面前应该有一种自救与他救的条件反射，只有专业的志愿者树立了这样的理念，才能让更多的大众参与进来，救护知识与技能才可以更广泛地传播下去。

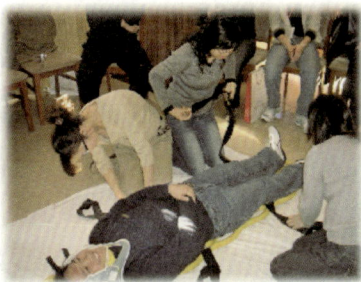

2. 技能是救护的重要手段

在中国红十字总会的培训课中，除了理论课的学习，还有很重要的一部分内容就是救护技能操作的学习，理论课与操作课所占时间一样，意味着操作与理论具有同等的重要性。培训中心的老师言传身教，认真负责，操作的每一个动作要领，每一次小组的练习都非常严格，如心肺复苏的力度和时间的把握，双手手形动作，包括固定的准确度与美观性等，除此之外，老师希望我们不仅要自己做得正确，还要能体现出师资的水平，能把自己所学的知识通俗浅显地教给普通大众。只有对救护的理论烂熟于心，对救护的技能操作轻车熟路，我们才能有充分的信心和能力在灾难面前保持冷静，做好现场"第一目击者"，才能抢救生命，减少病残。

3. 在救护的学习实践中用"心"完成

记得培训第一天老师对学员提出希望：用心学习，用心操作。在平时的学习和练习中，在知识的传授普及中，只要"用心"了，我们的救护技能一定会在实践中得到锻炼与提高。

4. 救护在家庭与社会间播撒爱心

实际上,红十字总会培训课的结业意味着我们已真正成为一名合格的救护员。但我们的学习并未因此而中止,相反,我们应该以此作为今后工作的起点,不断学习,在社会、学校、医院……积极开展救护知识普及,向家庭、社会播撒爱心,努力让自己和广大百姓成为一名合格的救护员,在灾难来临时,真正成为自己和家人的守护神。

三、志愿者小分队成立（团结合作，众志成城）

> 只要我们具有能够改善事物的能力，我们的首要职责就是利用它并训练我们的全部智慧和能力，来为我们人类至高无上的事业服务。
>
> ——赫胥黎

上海市第五人民医院南丁格尔志愿者小分队成立

作者：青敏

2009 年 4 月 3 日，这是一个特殊的日子，是我一辈子都无法忘怀的日子，我们的团队——上海市第五人民医院南丁格尔志愿者小分队成立了。

成立仪式上，上海市闵行区红十字会沈庆平秘书长发表致辞，向我们介绍了南丁格尔的生平和感人事迹，传递了南丁

格尔"燃烧自己，照亮他人"的红烛精神。中国南丁格尔志愿护理服务总队张志君秘书长对我院护理志愿者在从事志愿护理服务活动中所取得的成绩进行高度评价，表示对小分队成立的热烈祝贺，并对大家提出殷切期望，希望志愿者能够办好活动，将爱传承，让更多的百姓受惠。

中国南丁格尔志愿护理服务总队王雅屏理事长领誓并授旗，当我接过"上海南丁格尔志愿护理服务分队上海市第五人民医院小分队"队旗，国歌奏响的那一刻，我的内心是激动的，又是忐忑的。激动，我们的队伍终于成立了；忐忑，意味着我们的责任和使命更加重大。在今后的工作中，我们要大力弘扬"人道、博爱、奉献"的红十字精神，认真履行职责，促进人类健康，勇做生命的守护使者。——"我志愿，我快乐！"

我们成立了上海市第五人民医院南丁格尔志愿者小分队

作者：红燕

2009 年 4 月 3 日，上海南丁格尔志愿护理服务分队上海市第五人民医院小分队举行成立仪式，我院 100 名护理人员正式加入志愿者的行列。中国南丁格尔志愿护理服务总队张志君秘书长、中国南丁格尔志愿护理服务总队王雅屏理事长（第 38 届南丁格尔奖章获得者）等出席了仪式。当我们的党委副书记护理部主任杨青敏从理事长的手中接过中国南丁格尔志愿者总队授予我们复旦大学附属上海市第五人民医院南丁格尔小分队队旗时，我们100个志愿者举手宣誓，从这天起，我们立志：我志愿，我快乐，尽心尽力做志愿者。我们继承南丁格尔精神，致力于护理事业的发展、发扬护士的博爱、无私、敬业的精神，以自己的行为最好地诠释人性中的至爱、至诚、至善。

随后，志愿者代表夏怀华发言，作为红十字会师资培训班的优秀学员，作为援川队员，作为红十字会的志愿者，她讲述了师资培训班的学习感受，援川过程中的深刻体会以及即将成为一名红十字会志愿者的激动心情。

志愿者队长杨青敏主任在总结讲话中指出，今天我们成立了南丁格尔志愿护理服务分队，这意味着我院的广大护理工作者将秉承南丁格尔精神，履行救死扶伤、服务人民的神圣责任，恪尽职守，无私奉献，在志愿护理服务事业中实现自己的人生理想和价值。庄严的宣誓表明了志愿者会认真负责的践行红十字"人道、博爱、奉献"的服务宗旨。南丁格尔护理服务分队市五医院小分队的成立为我们搭建了一个广阔的社会实践平台，亦为志愿者用爱心和知识服务基层群众提供了一个很好的基础。我们将走遍大街小巷，走进千家万户，用专业特长和爱心服务闵行，为护理事业赢得更多的支持和声誉。

四、 复训（更令名号，悉心整饬）

精于技艺，博学多闻。有一技之长易于谋生，精于技艺不单
谋生，更能利益大众。博多闻得大智慧，自利利他。

——方海权

全新的感受，长足的进步

作者：蕾蕾

2010 年 3 月的北京干冷多风，街头光秃秃的树枝上，还看不见郁达夫笔下城厢内外"洪水似的新绿"，低矮的粉墙三四里长；也见不到张恨水留恋的"白粉墙头送出兰花的香味"。然而，沐浴着"两会"的春风，感受着奥运浓浓的气氛，我再一次来到了北京，参加由中国红十字总会举办的《救护师资培训班》。通过这一周的学习，感受颇多。

珍惜：本次培训班由中国红十字会主办,得益于"十五"国家彩票公益基金的支持,全程免费教学。本期学员来自于全国各地工作条线,共150余人,仅9名来自护理岗位。而来自上海的仅我院3名护理人员。就连培训班的班主任也感叹我们的学习机会来之不易。

全新的理念：我在急诊工作了6年,原本是抱着巩固急救理论知识和操作技能的态度,然而,第一堂课就彻底改变了我的想法。学员们来自各个工作岗位,有教师、机关干部、职员、工人甚至农民,大家站在同一条起跑线上,来普及群众性的救护理念与知识,秉承"人道、博爱、奉献"的红十字精神。现代救护不再局限于单纯寄托于医院与医生,为了争夺生命最宝贵的"黄金时刻",仅仅依靠医疗部门是不够的,还需要各个相关部门的配合和支持,全体民众必须建立一个"大救援"的观念,即：完善快捷的急救体系,健康人文的救护理念,公众普及的急救技术。

观念决定行为：在救护学习过程中,有一位老师的话让我记忆深刻。正当学员们奋笔疾书记录笔记时,老师说："学习理论知识并不是救护的关键,救人最为关键的是观念。在救护现场最需要的并不是一位渊博的医学专家,关键在于你是否想去做,你是否有意识去行动。这也正是我们所倡导的'思想是行动的先导,观念是行动的灵魂'。"

严谨的教学：由于学习目的的公益性质,本次培训期间对学员的管理特别严格。学习期间不允许缺课,课程安排严谨而充实。面对100多名学员,老师们耐心地示教和讲解。培训后还设置了理论考核、实际操作考核、课程试讲等。

轻松人文的教学：与严谨的教学相对应的是老师们轻松的教学方法、规范的示教、注重细节的讲解、充分的实际操练等。最值得借鉴的是在进行实际操作考核时,老师采用的是小组配合、模拟场景的

四、复训（更令名号，悉心整饬）

035

方法,让我们既体会到现场救护中团体协作的重要性,又能身临其境地感受到急救现场。

责任:随着人们对生命与健康的认识逐步提高,社会对自救互救知识和技能的需求逐步加大,2008年北京奥运会又赋予我们重要的使命。新的形式为中国红十字会卫生救护工作,为全体医护工作者乃至全社会的公民提出了更高的要求。在取得救护师资后,秉承红十字会的精神,开展社会各阶层的卫生救护培训,普及卫生救护知识和防实避险技能,在突发事件中,组织群众开展自救互救等是我们的责任。

虽然已经结束了为期一周的学习,然而我还是很留恋北京的春天。合着春天的气息,我依然忙碌在自己的工作岗位上,但这份记忆将时时温暖、激励着我。

真 谛

作者:怀华

2010年3月,我院南丁格尔志愿护理服务小分队的5名队员在队长杨青敏主任的带领下,前往北京参加了中国红十字会举办的救护师资班复训,复训班为期一周,课程安排对初训的内容进行了强化及提高。作为一名南丁格尔志愿者,有幸参加了这次培训,感悟颇多,有责任、有感动、有收获、有快乐,而更多的还是一种追求和使命。

1. 责任和感动

通过对红十字运动基本救护知识的学习,体会到红十字会的宗旨是"为了保护人的生命和健康,发扬人道主义精神,促进和平进步事业"。而志愿服务是红十字运动的基本原则。结合各位老师对心肺复苏,创伤救护,意外伤害,突发事件等的生动讲解,体会到没有救护知识所带来的危害,我深感作为一名志愿者的责任和义务,同时也被一个个真实的救护成功案例所感动。

2. 收获

一周的培训,从理论知识,操作实训到安全馆的参观,特别是解放军总医院第一附属医院的何忠杰教授传授的"白金十分钟"的救护概念让我们耳目一新。大家齐心协力,努力学习,既提高了救护的理论知识水平,也得到了实战操作的宝贵经验。这为将来更好地进行救护志愿活动打下了坚实的基础,使自己充满了信心。

3. 快乐

有人说:志愿服务的真谛是分享,共同分享的结果是快乐。确实如此,我们这些志愿者有着不同的年龄、不同的职业、不同的经历,却因同一个梦想走到一起,从陌生到熟悉,从交流到交心。为我们上课的老师大多来自临床一线,他们已经具备较丰富的救护知识和经验,他们用生动的实例告诉我们怎样来实施正确的救护,红十字会的老师们耐心细致地对来自不同城市的每一个学员的不规范动作进行了一一纠正,并率先垂范,赢得了一致好评。整个培训期间,处处洋溢着团结、和睦、互助的气氛。在志愿者生涯中最珍贵的,是能够跟一帮志同道合的人建立互信的合作关系和友谊,我得到了,所以我快乐!

4. 追求和使命

志愿者是个神圣的名词，是参与的象征、是博爱的体现、是爱心的代言。通过这次学习和交流，我自己不仅在救护的理论和技能方面得到提高、完善和发展，而且精神和心灵得到进一步的净化。今后无论走到哪里，我一定会和红十字志愿服务紧紧地站在一起，奉献自己所学的救护知识和技能，去帮助需要帮助的人，让人间充满关爱，让红十字会精神得到发扬，这是我的追求，也是我的使命。也希望在红十字会的领导下，全国的志愿服务运动深入发展下去，让更多的人参与其中，使所有需要帮助的人得到及时的救护和帮助。和谐社会，必定有红十字的光辉在闪耀！

急救为人道，博爱进万家

作者：姗姗

时隔两年，我非常荣幸地于2010年3月8日再次来到首都北京，参加了中国红十字会急救师资培训的复训，进一步深刻地理解了"人道、博爱、奉献"的红十字精神。

整个复训，时间安排紧凑，内容更加丰富，首先复习并更新了《救护》的理论课，救护新概念、心肺复苏、创伤救护、常见急症、突发事件处理等相关内容，老师们的授课都非常精彩，采取理论联系实际，用优秀救护者身边所经历的实际案例进行分析讲解，使我们获益匪浅，尤其是解放军总院304医院急危重症救护中心何忠杰主任的授课，创伤急救从"白金十分钟"做起，让我再一次深刻地认识到现场救护的重要性和实施性,"抓住救命的关键时刻",从而达到挽救生命,减轻伤残。

技能是救护的重要手段,除了理论课的学习,我们再次学习巩固了救护技能操作。培训的老师身传言教,相当认真负责,对操作的每一个动作要领,每一次小组的练习都非常严格,也对我们提出了更高的要求。如心肺复苏的力度和时间的把握,双手手形动作,包扎与固定的准确度与美观等。此次复训,我们还参观了北京海淀公共安全馆,如同亲临其境地感受了地震、海啸、火灾、车祸等各种天灾人祸的公共安全案例。

通过此次培训学习,我感悟颇多,收获颇丰,有感动、有责任、有快乐,而更多的还是一种追求和使命。虽然我们已经进入前所未有的物质发达的时代,但自然界频发的灾难,如地震、火灾、洪水和各种危机降临,每年都夺去无数鲜活的生命,人类的生命显得异常的脆弱。我们每一位公民都应有一种自救与他救的理念与能力,将红十字精神更广泛地传播下去。急救为人道,博爱进万家,必定有红十字的光辉在闪耀!

理念的传承

作者:春英

很荣幸我作为南丁格尔志愿者中的一员参加了为期一周的中国红十字会救护师资培训班。"人道、博爱、奉献"这是世界红十字会精神,普及群众性救护知识和技能,是红十字会运动的工作之一,也是作为南丁格尔志愿者的我们需要掌握的技能。伴随着社会的发展,在更多的场合发挥应有的积极作用。

　　整个培训由理论授课、实际操作、参加海淀公共安全馆及备课讲课4部分组成。此次学习班上成员都是来自各大医院的骨干,起点较高,虽然理论授课内容很快就被掌握。但还是被老师的精彩讲课深深地吸引,尽管上课内容并不是很新,但老师恰当的举例、准确的演示却让我紧紧地跟着老师的思维走,同学们都做着笔记,拍着照片录像,十分认真。

　　实际操作课时,老师一一做演示讲解。因为我们学的是徒手抢救,所以和医院临床上是有区别的,如心肺复苏中的一些细节,学员们很快就领悟了,并孜孜不倦地不断操练,直到完全掌握。现场的包扎、固定、止血对于我们来说还是有点陌生,大家在课堂上边学边练,不懂的地方请学员帮助复习。在第二天的考试中人人顺利过关,而考试的形式相当贴近实际,也很实用,是模拟突发事件现场环境,然后根据现场情况判断伤员病情,分清轻重缓急,给予了不同的处理,我们这组学员出色地完成了任务。

　　在海淀公共安全馆,我们再次亲临突发意外事件的现场,也复习了遇到类似情况的处理方法。通过亲身经历模拟地震,模拟呼救等体会到真实的现场感受,十分贴切也十分形象。

　　培训的最后一个环节是备课讲课,这是一个展示自己的平台,大家都铆足了劲,认真备课。无论有没有讲课经验,大家都认真对待,顺利完成了讲课,得到老师的赞赏。

　　培训是短暂的,而培训带给我们的理念与技能是永远的。院前急救不同于我们所接触的院内急救,它有它自身的特点,把它归纳为几个新的理念:①它是徒手的,这就要求我们灵活机动、就地取材;②思想的更新,不同于以往的舍己救人,现在提倡的是护己救人;③不变的信念,那就是"人道、博爱、奉献"的世界红十字精神,用我们的专业知识授人以渔。

五、回报社会（大疆有域，爱心无限）

> 一滴水只有放进大海里才永远不会干涸，一个人只有当他把自己和集体事业融合在一起的时候才能最有力量。
>
> ——雷　锋

（一）战高温篇（烈日炎炎，携手同行）

奉献的快乐

作者：芬芳

这是我第二次来到急诊科帮忙，不同的是这次我是以一名南丁格尔志愿者的身份来到急诊帮忙，所以我的热情更高、更有耐心。

我和曹健敏老师分为一组，曹老师叫我在预检处帮忙，她去

了补液室帮忙，我带着热情来到了预检处。而预检处的工作远没有我想象的那么简单，不仅要听取患者的主诉，还要通过对患者病情的观察才能给予分诊，这需要预检护士对各种急症的临床表现都有一个很清晰的认识和判断。同时，来急诊科就诊的患者情况都比较紧急，情绪比较焦虑，我们首先要安慰好患者及家属，对于发热患者，仔细询问他们的病情以及有无外出的经历，快速、正确地对 H_7N_9 进行分诊、预检。在预检处工作的短短时间，我突然发现自己所学的知识太表浅了，急诊工作忙碌、繁杂，要胜任预检岗位，需要我们必须具备扎实的理论知识和过硬的实践技能。

加入志愿者队伍，成为一名志愿者，就等于选择了以高度的热情面对人生、面对生活，作为一名志愿者，我体会到了奉献的快乐，在真切的行动中感受到了给予的价值。

可爱的天使

作者：玲敏

2009 年 7 月 21 日，我参加由我院南丁格尔志愿服务队安排的急诊帮班工作，时间是晚上 5:15～8:15。夏至，是急诊科工作最繁忙时段。当天，完成一天工作后，我按时到急诊补液室帮

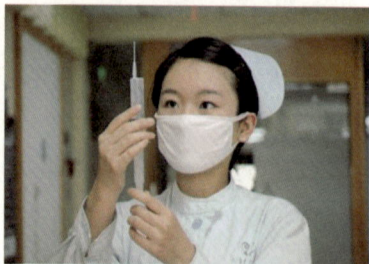

忙。到了补液室，当天的工作没有我想象中那么忙乱无序，只见患者们排队有序，忙而不乱，是急诊补液室给我的感觉。我帮忙冲补液，看他们忙时，到前台帮忙发牌、抄写输液单。看着急诊补液室护士姐妹们打针动作娴熟、快速而且成功率很高，真是身经百战！在工作忙碌时刻，她们每天的打针补液量都在六七百人以上。反复地重复着一个动作：排气、注射。工作虽然很枯燥，但处处体现着不平凡。为了让患者更快地恢复健康，天使们每天默默地工作着，毫无怨言。在忙碌而有序的工作中，不知不觉地结束了帮班工作，急诊工作繁忙辛苦，但在那里有我们可爱的白衣天使。

感 恩 的 心

作者：春花

从身穿护士服、头戴燕尾帽，行职业宣言的那一刻起，我就立志像前辈们一样，为护理事业奋斗一生。如今我很荣幸地成为一名南丁格尔志愿者，更激励我为之服务、奋斗的信念。

感恩的心 感谢有你

六月的天气已十分炎热，我院急诊工作量逐渐上升。作为一名志愿者，有责任为急诊贡献出一分力量。

下午五时许，急诊补液室的患者还有很多，为了减少患者的等候时间，我开始帮她们冲补液。由于医院正在改建，急诊室的工作环境不理想。但这里的护士们却没有怨言，仍然尽力为每一位患者服务，同时她们也很感谢我们的帮忙，她们的这种乐观精神不时地激励着我。虽然我是来帮忙的,但是也从中感悟了很多。2个小时很快过去了,但是急诊室的患者仍陆续进来,补液没有间断,护士们忙绿地穿梭于患者中间。

我会把由此体会到的感动和感悟告诉我身边的每一位护士。在今后的工作中不断地激励自己,以身作则,以一颗感恩的心去为每一位患者服务,关爱每一位护士。

充 实

作者: 春娟

热、热、热! 上海近日热浪滚滚、持续高温,使门急诊人数急剧上升,尤其是补液室,每天白天就将近 400 人次的静脉补液。我作为南丁格尔志愿者服务队的一员,积极增援到急诊补液室,为急诊补液室奉献一分力量,以保证补液工作及时到位。

2009 年 7 月 12 日一早,一走进急诊补液室,看着眼前忙忙碌碌的工作情景,看着排起了队等候补液的患者,看着没有片刻停顿风风火火的护士姐妹们,我赶紧投入到紧张的工作中。我从中了解了急诊护士姐妹的辛苦,面对接踵而来的补液人流,放弃休息、加班加点对她们来说早已经习以为常了。补液室满满当当,还在大厅加椅子,时时耳畔传来焦急的对话声:"小姐,盐水吊光了。""噢,好的,我来了。"患者口中的"小姐"是补液室护士的另一个别称。她们一身蓝色、头戴蓝色护士帽,是补液室里最忙碌的人,也是补液室里一道闪亮的风景线。

有人说，补液室的工作简单，就是打打针、冲冲液。可是在一天俯身、扎带、穿刺、起身、一溜小跑，再俯身、扎带、穿刺、起身、一溜小跑……重复这一系列的工作，连续不断地做着，你觉得这份工作轻松吗？急诊补液室的工作不仅仅是对体力的考验，也是对心理承受力的考验，每天要接触 400 多人次的患者，遇到成百上千种的脾气，需要的不仅仅是细心，更需要超乎寻常的耐心。而且又有谁会想到那穿梭于补液室忙碌的身影中，也有人在默默地承受疾病的困扰。更令人感动的是由于护士人手的紧缺，她们甚至不提出休病假，而是利用她们下班休息时间抓紧治疗，为的是不给护士长排班出难题，为的是更好地为患者服务。她们感动了我、感动着大家、是我们五院的骄傲。

"三小时"的感慨

作者：玲玲

2009 年 8 月 15 日 17 点，夜急诊工作紧张忙碌而又有条不紊地进行着。我如期来到补液室，同事们很照顾我这个"南丁格尔志愿者"，让我坐着加药，不要我打针，也不需要换补液，我想这应该是个轻松的差事。

患者可真是多啊！走了一个来了一双，走了一双来了一群。接待处一直没有停过，要加的药也是越来越多，而且有的药特别难稀释，如哌拉西林钠。

补液室里很热闹，我们也忙得不可开交。患者和家属不停地催促"快来帮我们打针""怎么还没来啊?""你们怎么搞的? 速度那么慢"……一句句话似钢针般刺在我们心里。但我们并没有因此而抱怨,而是马不停蹄地打针、换液、拔针,以我们最快的速度工作着,希望能让患者少等待,早治疗。患者看着忙碌的我们,慢慢地,各种不理解消失了,换来了各种安慰,"姑娘,你们每天都这么忙啊?""姑娘,你们太辛苦了!"听着这一句句的话语,各种疲劳瞬间消散了。

小小的力量

作者: 安琪

随着高温天气的来临,急诊补液室里的患者络绎不绝,每天都能看到需要挂补液的患者排起长长的队伍从补液室门口一直延伸到急诊大厅。补液室每天的补液量很大、护理工作量急剧攀升。在全院护理工作人员紧缺的状况下,护理部主任身先士卒,每天利用自己的休息时间去急诊帮忙,作为一名南丁格尔护理志愿者,我义不容辞接受护理部的安排,加入到帮班的队伍中,也尽上自己一分小小的力量。

下班后 5 点准时到了急诊补液室,等待挂补液的队伍还是一条长龙。我和护士姐妹们打了声招呼,便坐到了补液室的台前。面前已有满满的几排待冲的补液,台面上显得很拥挤。我认真核对、消毒、冲药。其间,科护士长夏怀华,急诊科护士长陈平,护理部值班护士长姜红燕,也陆续过来帮忙。夏老师自己也在发烧,虽然已经疲惫不堪,她却依然坚持留下来再帮会儿忙。大家都深深地受到感动和鼓舞,也让我感受到了一股强大的团队精神。

3 小时里大家都马不停蹄地工作着,顾不上吃饭、喝水,时间似乎过得飞快,到了晚上 8 点,补液室的高峰期也暂时告一段落。虽然停下来时感到手指肿胀,腰酸背痛。但看着患者们都陆续挂上了补液,姐妹们也可以暂时休息时,我的内心感到了非常的快乐和满足。

我为自己是南丁格尔志愿者中的一员感到无比光荣和自豪。"愿吾一生纯洁忠诚服务"奉献爱心吧!从中你会发现生活的力量,感受生活带来的幸福快乐。

美丽的天使

作者: 慧慧

2009 年 7 月份,天气炎热,急诊输液室的患者日趋增多,输液室的护士整天忙得吃饭的时间都没有。作为一名志愿者的我有幸加入到急诊帮班的队伍中。

这天 17:00 我来到了急诊输液室,输液室的门口早已经排起了队伍。护士们都在忙碌的工作中,急匆匆地和我打了声招呼又投入到工作中去了。我来到了冲液室,这时已有一名护士在冲药,传送带上已经放满了要加的补液,外面的队伍也在不断地加长。看到姐妹们都埋头工作,没有一个埋怨,甚至有的连晚饭都没有来得及吃。这时我耳旁有一个熟悉的声音叫了我一声"杨老师,谢谢你今天来帮我们!"我回头,看到一张充满阳光的笑脸,额头上还挂着汗珠。这,就是我们心目中最美丽的护士,我为自己是其中一员而感到骄傲。

承　诺

作者：小凤

"我宣誓，我志愿成为一名光荣的志愿者，我承诺，要以南丁格尔为榜样，尽己所能，帮助他人，服务社会……"

2009 年 4 月 3 日，我光荣地加入了中国南丁格尔志愿者护理服务队，本着"人道、博爱、奉献"的红十字精神，为社会贡献自己微薄的力量。

七月，骄阳似火。每年的这个时候，急诊患者急剧上升，急诊补液量也随之增加，给急诊补液室工作带来了很大的压力。同时患者等待时间的延长，也会对护理工作产生很大的不满。7 月 5 日，我作为一名志愿者来到曾经工作十年的补液室。这里还是那么的忙碌，姐妹们有条不紊地工作着，我赶紧加入到她们的队伍中。看着她们微笑地接待患者，看着她们忙碌的身影，让我想起了从前的我。看着她们额头的汗滴，看着她们微微泛红的双颊，我觉得自己又成为了她们中的一员。

3 小时的工作在忙碌中一晃而过，但给我留下了很多很多……

我相信在不久的将来，我们的志愿者队伍会越来越强大，也将更好地服务于社会。

平凡中的不平凡

作者：晓芳

2009 年入夏以来连续不断的高温日，使门急诊患者剧增。每日清晨，当我来上班时就看到补液室门口排着长长的队伍。傍晚，当烈日缓缓西下时，急诊室再次迎来了就诊高峰。医院为加强急诊工作，增加了帮班。作为南丁格尔志愿者服务队的一员，我毫不犹豫地加入到帮班的行列。在补液室中，看到患者排起长长的队伍，看着面前不断增加的补液，一批又一批需要配制的药液，不断往外送出的补液，连续不断的信号音，深深体会到急诊补液室姐妹们工作的艰辛，敬佩之意油然而生。他们熟练的操作技术，吃苦耐劳的品质，不计较个人得失，互帮互助的精神都值得我们学习。

在补液室的帮班仅仅 3 小时，可在这 3 小时后，因为不断地加药，双手开始出现红肿、僵硬、疼痛。这只是 3 小时，而补液室的同事们面对这个高温季节，他们又不知付出了多少汗水与艰辛。

这次志愿者的体验让我感到护理工作是平凡的，但我们能在平凡中体会它的神圣，面对神圣的职业，我们兢兢业业。战高温会过去，可是我们的脚步不会停止。在今后的工作中，我要做到急患者所急，想患者所想，让患者满意，让家属满意，让社会满意。

高温下的战士

作者：建娟

　　七月骄阳似火，不断拉响的高温红色警报，使申城饱受高温的煎熬，门急诊患者也随着不断高升的气温而日益剧增，展现在我们面前的是医务人员匆匆的脚步和渗出汗珠的脸庞。7月31日我响应我院南丁格尔志愿者服务队的号召去急诊补液室帮忙。在每年的七八月份，是急诊最忙的时候，补液室每天都会出现一排长龙，补液量骤增，在补液室中，看到不断闪烁的信号灯，面前不断迎来一份份等待你配制的药物，看到补液室的同事们将一批一批的补液往外推出去时，心中不由地敬佩他们。一天的工作下来，她们不知道要在这个小小的空间中来来回回走上多少圈。看似简单的工作，她们的付出却难以用语言来表达。她们熟练的穿刺技术，那种吃苦耐劳的品质，这一切切都让我深深感动。3小时的急诊补液室帮忙，面对那么多药液，不断加药的双手，开始出现红肿疼痛，我真的无法想象急诊补液室的同事们面对这2个月的高温季节，将付出多少汗水和艰辛。

　　经过这次志愿者的服务，我深深体会到不能因为工作的繁忙而忽视患者的需求，要与患者及时的沟通，遇到问题及时处理，让患者体会到我们的努力和艰辛。

深刻的体会

作者：孙美

2009 年 7 月 23 日，我有幸作为南丁格尔志愿者到急诊补液室帮忙。虽然只是短短的 3 小时，却让我亲身体验了急诊一线护理同仁的忙碌与辛苦。看到了她们紧张、有序的工作秩序，认真、严谨的工作态度，以规范、敏捷的工作方式服务于每一位患者。

今天，我作为一名南丁格尔志愿者，应该以南丁格尔为榜样，尽我所能，帮助他人，服务社会，践行红十字"人道、博爱、奉献"的精神，参加护理志愿者服务，付出自己的努力，奉献自己的一份爱心，志愿者服务除了让需要帮助的人得到帮助，更是体现自己价值的所在。我想急诊科护士就有这种无私的奉献精神，急患者所急，充分诠释了一名一线护士的南丁格尔精神。我们应该审视自己，激励自己，严格要求自己，紧跟和谐社会和科技医疗水平的发展步伐，以实际行动践行南丁格尔精神。

向生命致敬

作者：璐彬

时至炎热的夏日，是一些急性病的高发期。因此，每当此时便是

急诊补液室夜间工作量最大的时候。往年每年的这个时间段护理部也会安排其他科室人员到补液室帮忙以减轻她们的工作量。2009年我参加了我们医院护理部组织的南丁格尔志愿者服务队，并有幸在一个月前以志愿者服务队员的身份参与了急诊补液室的帮班。

我们帮班的内容就是到补液室帮忙接收患者、冲补液的工作，在输液患者较多时段也会帮忙打针。刚到那里时，我一下子有些不适应那里快速的工作节奏，看着外面等待输液的患者慢慢地排起长龙，听着一些患者焦急的抱怨，我心里也变得有些焦躁，干活的节奏也有些混乱。但一段时间后，我渐渐地调整了自己的心态，认真专注自己手中的每一件工作，开始适应急诊室的繁忙。

通过这次的帮班经历，让我体会到在补液室工作的护士姐妹们的辛苦。夜间，每当病房里到晚上渐渐归于平静时，急诊补液室里依然是一片忙忙碌碌的景象，前来输液的患者络绎不绝。不仅如此，一些患者的责怪和争吵也会影响到护士的工作情绪。尽管如此，补液室的护士姐妹们在这些不利条件的环境下，仍然能克服这些不良的因素，保证在工作中不出差错，这是多么不容易的事情啊！

爱 的 奉 献

作者：洁英

我是一名南丁格尔志愿者，2009年7月26日是我参加医院急诊室帮班的日子。早上当我走进急诊室时，一条长龙正挤在补液室的门口。有一位男护士正一个人在冲补液，只看见他手脚麻利、认真仔细、完全做到忙而不乱。我便坐到一旁，开始了我的工作。一会儿一车补液已经准备好，几名年轻的护士姐妹推到外面，准备给患者扎针了，她们严格三查七对、认真的工作态度、超大的工作量，看着这些小姐妹们，我心中暗暗地为她们鼓掌！

请常怀一颗感恩的心

在短短的几小时工作中，让我深深体会到急诊工作的辛苦、烦杂。如果可以，我们应多给予帮忙，作为南丁格尔志愿者更应义不容辞。从这次帮忙工作中，让我感受到急诊工作的辛苦，急诊护士的了不起。作为一名有十几年工龄的护士，现在在病房工作，工作量虽然比急诊少了点，但是我应学习她们认真、勤恳的工作态度，为每一位患者带去最优质的服务。作为一名志愿者，在今后的工作中，我愿听从领导安排，随时准备，参加各项志愿者活动，用自己微薄的力量为患者献上爱心。在今后的工作中，要像南丁格尔那样，一辈子奉献于自己所选择的事业，用一颗爱心来为患者服务。

天使，辛苦啦

作者：祎

周六，刚踏进急诊补液室的大门，便看到门口已有很多等待输液的患者及其家属，接药处也已排起了长队，接药护士已在埋头工作，随即我便加入了忙碌的工作中。

一天的工作在繁忙中度过了，马不停蹄，呼叫铃声此起彼伏，到

下班时已注射了 580 多人次,腰酸背痛,但最多的还是成就感,看着患者及家属微笑的脸庞,听到他们说:"你们护士真辛苦!"想想补液室的护士每天上班都马不停蹄,真是不容易,尤其是在遇到不讲理的家属时,还要解释、沟通,在身体无比疲惫的同时又加深了心理的疲惫。我想,急诊的护士除了应该在待遇上有所提高外,还应在心理上给予安慰,作为护士长应时时关心、爱护他们,了解他们的想法,发现潜在因素及时处理及时沟通。

志愿者一天的工作结束了,但志愿者的工作是永远的,我们在体会自己工作辛苦的同时,也应换位思考,去感受患者及家属的病痛,做好自己的工作,尽量帮助他们,想人所想,尽力而为。

一 丝 不 苟

作者:小侠

在急诊补液室帮忙虽然只有短短的 3 个小时,但我深深地感受到急诊护士的辛苦。在急诊工作有很多不确定因素,护士的神经绷得比较紧,压力较大,还有补液室服务对象是门急诊患者,患者不固定,流动性大,医患关系紧张,需要护士在工作中注意多与患者交流,加强医患沟通,不断提高自身素质。最后,深刻体会到查对制度的重要性,在补液室医生书写的注射单比较潦草,很

难辨认,这样使护士的查对工作变得困难,容易引起差错发生,这就要求护士要有高度责任心,在工作中做到忙而不乱,严格执行各项流程,保质保量完成各项护理工作。作为一名南丁格尔志愿者,为自己能减轻急诊护士的工作量而感到满足,如有需要,我还会义不容辞!

我们的骄傲

作者: 丽君

作为一名南丁格尔志愿者,我觉得很荣幸能为战斗在第一线的儿科补液室的姐妹们奉献出自己微薄的力量。作为一名南丁格尔志愿者我也被告知能亲自去感受那样的工作环境(婴儿的啼哭声、父母亲及爷爷奶奶们挑剔的眼神、川流不息的候诊室)也是我作为一名白衣天使所应尽的责任。

虽然是短短的 2 个小时,但是看着儿科护士姐妹们娴熟的操作技术,和穿梭在人群中忙碌小小的身影,使我从心底里佩服她们,真想对她们说声"你们太不容易了!"因为有了你们,你们严谨的工作作风,你们一丝不苟、毫无怨言的工作态度,不仅解除了患儿的疼痛,更为患儿的家庭送去了一份安心和关爱。

你们是我们五院的骄傲!

从 心 做 起

作者：峰英

2009 年 12 月 2 日晚，我以一名南丁格尔志愿者的身份去儿科补液室帮忙，去体验儿科护士的工作。短暂的 2 个小时很快在充实的工作中过去了。儿科的患者都是家中的宝贝，一旦生病，爸爸、妈妈、爷爷、奶奶都很焦虑，对补液的要求也更高，于是对护理人员的要求也相应提高，我也深深体会到作为一名儿科护士的不易。尽可能地一针见血，提高家属的满意度，减轻患者的痛苦。一例患儿补液外渗或者穿刺失败，会导致后面家属的不信任，工作难以开展下去。所以儿科护士还要有良好的解释沟通能力及优良的心理素质。这次我能去工作，是作为一名志愿者的荣幸。我希望通过我们志愿者的工作能带给儿科同事们心理上的一点点温暖。我们是一个战壕的战友，通过我们的共同努力，能让来我院就诊的患者及家属感受到我们的关爱，体会到我们的温馨护理。

补液室的挑战

作者：丽敏

烈日炎炎，急诊补液室的战高温任务艰巨，每日有七八百名患者来补液室输液，对于工作人员来说无疑是一大挑战。作为南丁格尔志愿者,我身感自己肩上的重任,时刻准备着以最佳的精神状态投入到工作中去。补液室的特点是患者多,流动快,变化多,掌握了这样的情况,我们就能很有针对性地服务患者。例如,对于病情较重,使用特殊药物的患者,我们就安排在重点药物观察区,以便突发事件时能够在第一时间应对;对于脾气急躁的患者,我们应态度缓和地对待他们,将解释工作做到位,极力安抚患者;对于腿脚不灵活的患者,我们尽量帮其备床,让其感到舒适。在我们的共同努力下,患者及家属对我们的工作有了一定的肯定,近日补液量有所回落,志愿者暂时停止帮忙,但我们随时待命,如有需要随时赶到。

美丽的天使们

作者:佳凤

作为一名南丁格尔志愿者我很荣幸可以为战斗在第一线的儿科姐姐们奉献出自己一份微薄的力量,作为一名南丁格尔志愿者我也亲自去感受和谐的工作环境,努力聆听、详细告知也是作为一名白衣天使所应尽的责任。

虽然只是短短的 2 个小时,但看着儿科的护士姐姐们娴熟的操作技术，在人群中忙碌的小身影，使我从心底里佩服她们。真想对她们说：你们太不容易了，你们严谨的工作态度，一丝不苟、毫无抱怨的工作热情，都值得我们学习。忙忙碌碌，任劳任怨，正因为有了你们，让每一个家庭多了一份和谐与美好。

你们是我们医院的骄傲！

态度决定一切

作者：璐璐

去补液室当志愿者的日子已经结束了，通过这段时间学会了许多东西，也明白了许多人生的道理。去补液室的那天，第一感觉就是人很多，虽说只有短短数小时但工作量很大，没有休息的时间。还没给这个患者拔完针那边铃声又响了，所以就是马不停蹄地工作，所谓急诊，应该就是急的吧。

慢慢地也就适应了，带教老师和护士长对我们都很好，我也很快地融入工作中。我认为工作态度很重要，一定要把事情做到最好。在补液室工作，是要有一定耐心的，患者本身因疾病的困扰所以很急躁，我们一定要耐心地为其解答并给予理解。

在补液室里当志愿者的日子里，锻炼了自己扎针的技术，严格执行"三查七对"的工作态度，以及学会了如何为人处事，如果有机会我还是会去的，感谢医院领导和老师们给我这次机会。

说不出的感觉

作者：思雪

当我作为志愿者去补液室帮忙时，心里有点忐忑，也有点紧张，可是当我被老师带到补液室，看着一个个忍受着疾病折磨的面孔时，暗暗地静下心来让自己淡定。在带教老师的指导下，渐渐地熟悉了环境和工作流程，我也没那么紧张了，每一天下来都有收获，感觉还不错，看到自己给患者穿刺成功，心里有一种说不出来的快乐。

在补液室的这段时间里让我明白了沟通的重要性，也积累了一些临床工作经验，知道了如何判断血管的弹性，如何选择合适的针头而减少损伤患者的血管等。急诊的工作为我提供了很好的学习机会。

在这段时间里，让我喜欢上了这份职业，相信经验不足的我会熟能生巧，相信真诚的努力会有回报的。作为一名志愿者，希望能为他人奉献一分力量！献出我的一份爱心！

辛苦并快乐着

作者：春英

在补液室当志愿者的这些日子里，时间过得很快，每天忙忙碌碌的日子过得很充实，总觉得刚上班不久之后就下班了。刚来帮忙的

第一天就被输液室的阵势吓到了，体会到高温季节的上海是一个感冒多发的城市，当然来到补液室的不仅是感冒发热也有其他疾病的患者。第一天下班回到家我感觉到特别的累，脚也特别痛，那时候我就觉得补液室的老师们真是太能干了，每天都以飞的速度奋斗在工作岗位上，每天那么累而且天天都一如既往，她们是怎么做到的呢？补液室的患者多且流动量大，这就导致了一个高压、高危险的工作环境，有的患者事情特别的多，甚至可以挑剔到极致，这些都是很影响情绪的。我真的是很佩服补液室老师们的承受能力和自我调节能力。

总体来说在补液室当志愿者期间，我得到了很好的锻炼，也让自己的内心变得更加的强大了。

充实的一天

作者：红婧

在输液室当志愿者的工作结束了，让我学会了很多东西，刚来输液室的时候心里有些紧张。在输液室工作需要面对各种各样的患者，有时患者因你扎不上针、换补液慢了，就争吵起来。我很快适应了这里，让我学会了怎样与患者和家属沟通，怎样让患者对我放心，懂得站在患者的角度去考虑问题。第一天穿刺成功率还不错，让我对这份工作更有信心。每次给患者扎针前要做到三查七对，每次扎针前都要认真选择血管。如何评估血管弹性、粗细、是否有分叉及静脉窦，都需要我们去一点点累积经验。在输液室让我更加熟练掌握了静脉输液技术。老师们都耐心教我们知识和传授她们的经验。输液室很忙，但我感觉很充实，我很喜欢这里。

患难与共，风雨同舟

作者：伶俐

2009年的天气多变，气温高，门急诊补液的患者非常多，急诊护士们每天加班加点工作，使补液室的工作量天天刷新，24小时补液人数接近千人，一再挑战姑娘们的极限，针对以上情况，护理部安排院内100名南丁格尔志愿者们加入帮助急诊的队伍中，每天下午5点到8点去补液室帮助。

我作为一名普通的南丁格尔志愿者，又身为手术科科护士长，更有义务身在其中。虽然不一定要配制很多补液，打很多针，但能和护士们一起患难与共，风雨同舟，在精神上相互支持和鼓励，鼓舞士气，我感到十分高兴。

成 就 感

作者：莹莹

参加工作已经是第 5 个年头了，深深地体会到护理岗位的艰辛与不易，同样也感受到了那种充实与成就感。今年很高兴、也很荣幸地加入了南丁格尔志愿者的队伍，切身体会，身体力行地去诠释付出与回报的含义，去品味助人为乐的真谛，喜悦尽在不言中。

身为南丁格尔志愿者中的一员，8 月份参加了本院的急诊帮班的任务，终于体会到了急诊工作的忙碌。一个急诊帮班 3 个小时，急诊补液室门口排长队的人始终没有变化过，一如既往的望不到头，让人有一种绝望的心情，补液加药的手指麻木可还得继续，3 个小时很快就会过去，但想到急诊间的同事们年复一年，日日夜夜这样工作着，相比她们的工作来说，病房的工作还真的不算什么，由衷地敬佩她们。同时也很高兴能尽自己的微薄之力去帮助那些需要帮助的人。

作为志愿者的道路还很长，但以后不管去了哪里，去接受什么样的任务，我都会以最好的状态去完成它，让更多的人都知道有南丁格尔志愿者服务队的存在。在需要帮助的时候，我们会很专业，很贴心地去为他们服务，然后把那份成就感，那份荣耀小心收藏，细细品味。

护士们每天 8 小时这样忙碌着，我真的很敬佩她们，更别提那些为患者注射的护士姐妹们了。患者的静脉条件有些真的很差,但都难不倒她们,速度超快,让患者们不由得竖起大拇指。当然也有受委屈的时候,但我们的护士姐妹们毫无怨言,将委屈化为苦水咽下去,还是以为患者提供最优质的服务为目标,认真地为患者注射,这就是白衣天使的伟大,她们其实就是在默默地继承南丁格尔的神圣传统。

这次南丁格尔志愿者活动让我体会到,其实在平时工作中也是充分体现南丁格尔精神的时候,并不是参加志愿者活动时才有,只要将我们平日的工作认真踏实地完成,也是在继承南丁格尔的光荣传统啊!所以在以后的工作中,我会更加努力,热心、耐心、细心地对待每一位患者,使自己向南丁格尔的光荣传统迈进一大步。

光荣的使命

作者: 君君

南丁格尔精神,对于一名护士来说,是应该继承和发扬的光荣传统。我很荣幸能够成为南丁格尔队伍中的一员,能将这光荣的使命继承传承下去。

2009 年 8 月 4 日,一个平凡的日子,但对于我来说却是一个值得纪念的日子,我作为一名南丁格尔志愿者来到急诊补液室帮忙。刚踏入急诊补液室,一阵热浪扑面而来,这阵热浪是由准备进行静脉输液的人群形成的,等待输液的人主动排成长队。走到输液室只见护士脸上豆大的汗滴不断地往下流,但她们并没有停下脚步及矫健的动作,她们不停地给每一位患者注射。

　　加入她们的工作队伍后,才感受到她们的工作是如此艰辛、不容易。别看冲补液很容易,其实学问也很大的,必须注意各种药物的配伍禁忌、补液的先后顺序。有些抗生素很难溶解,必须有小窍门和耐心。在自己的岗位上一直以为手术室是最繁忙最难工作的地方,其实每个岗位都有其艰辛的地方。短短 3 个小时,对我来说是深刻的,虽然我只配制了 3 小时的补液,但我手指上的苦楚,只有自己知道。真不敢想象每天在补液室工作的护士姐妹们,是怎样的辛苦。

一种特殊的幸福

作者: 佳瑶

　　偶然的机会,我有幸成为一名南丁格尔志愿者,于是也开始了志愿服务的生涯。

　　我们的志愿者很平凡,却很幸运;我们很辛苦但也很快乐;我们是耐心的彩虹,是交流的桥梁,我们用生命影响生命。

　　在这个队伍中,我们有责任,有感动,有收获,有快乐,而更多的是一种追求和使命,帮助别人是一种特殊的幸福。

　　急诊补液室一阵繁忙的景象,至今难忘。加入她们,成为其中的一员,重复着抄单、配制药液、摆配、注射,虽然单调,但更多的是责任、耐心和细致。望着自己手上因配制补液而留下的伤痕,心生难过,当疼痛的时候,看着患者赞许的目光,取代的是欣慰和满足。

　　助人是快乐的,快乐的概念是因人而异的,奉献也是一种快乐,送人玫瑰,手留余香。付出的同时,也收获了一种特殊的幸福。

神圣的力量

作者：秀凤

2009 年 4 月 3 日，我很荣幸成为南丁格尔志愿者护理队伍中的一员。作为在 9 病区工作 10 年的临床护士，同时也作为一名志愿者，在我院护理部的组织下，我参加了急诊室的志愿帮班服务。大家都知道护士的工作非常辛苦，非常劳累。我在这次志愿活动中深深体会到急诊室护士姐妹们的辛劳。随着夏季的到来，气温也越来越高，门急诊量不断增加，急诊补液室的工作也日渐繁忙。当我一走进急诊补液室的时候，就被眼前的情景震撼了，一列长长的队伍，一张张焦急的面孔，一阵阵嘈杂的声音，只看到几个护士姐妹穿梭的身影。她们身上流着汗，没有一丝喘息的机会。患者们的呼叫声和打铃声此起彼伏。她们工作时动作轻快，技术娴熟。虽然很忙碌，但她们非常有秩序，丝毫不乱。很快我也融入她们辛苦的工作中，配合护士们进行配制药液工作，一开始有点力不从心，渐渐地也融入这种工作氛围中。随后我又进行了静脉输液，忙得汗流浃背，双手发酸，但仍没有停止工作，继续努力着。作为一名志愿者，我义不容辞，作为一名白衣天使，我付出的努力是微薄的。参加这次志愿者工作是神圣的，我希望有更多的护士姐妹加入到我们队伍当中，为我们工作在一线的姐妹们贡献自己的小小力量。

一缕清风

作者：冰冰

入夏以来，我院的急诊科患者就诊人数居高不下，因高温而造成不适的患者更是把医院补液室挤得人满为患，补液室的护士每天都忙碌不停，面对这样的局面，在护理部老师倡议带领下，组织了一批护士志愿者，利用休息时间到补液室帮忙，以缓解补液室护士的压力，提高护理服务质量。7月30日，我作为一名志愿者去补液室帮忙，我希望自己能切实地帮助她们，尽自己一点绵薄之力。我们刚来到补液室，补液室人满为患，治疗室环境很简陋，中央空调散热不好，周围蚊子很多，但我们的护士一直穿行在这样的环境之中，她们轮流吃饭，顾不上喝口水，又投入到工作之中，我也要投入到她们的工作之中，积极地帮助患者、与家属沟通。补液室的护士她们个个眼疾手快，她们太辛苦了，作为一名老护士，感到很惭愧。短短的 3 个小时很快就过去了，但她们依然在患者中间满头大汗，热心接待每一位患者，她们很渺小但很伟大，我希望她们的微笑、问候、帮助能在这炎炎夏日为患者的心头添上一抹清风，为患者带去一丝清凉。

可爱的人

作者：勤慧

7月 24 日上午我参加了急诊补液室战高温的志愿者活动。随着

气温的增高,急诊补液室越来越忙碌,患者们为了避开白天的高温时段,纷纷选择傍晚来医院进行输液,这大大加大了补液室夜间的工作量。

傍晚5点一到我来到了急诊补液室,偌大的房间基本上座无虚席,由于是晚餐时段,所以很多患者还没有到来,接收输液处还没有排起长队。输液室的护士告诉我,真正的输液高峰要从6点开始。渐渐地来输液的患者开始多了,我和急诊补液室的护士姐妹们紧密合作,配制补液,安排位置,挂补液,工作有条不紊地进行着,我们忙而不乱,认真做好三查七对,耐心回答患者的提问,做好解释工作。由于中班工作人员并不多,抬眼望去可以看到护士们像蝴蝶一样在输液室里不停穿梭,输液室的患者很多,但是秩序良好,对于排队及等待,患者们也会理解。

繁忙的时候,时间也过得飞快,晚上8点我离开了补液室,但是那里依然有大量的患者在补液,陆陆续续地有患者离开,马上又有新的患者进来。急诊补液室的护士们很辛苦,也很可爱,任劳任怨,日复一日,勤劳地工作着。

可爱的神枪手

作者: 晓庆

作为南丁格尔志愿者,我很荣幸参加了急诊补液室战高温工作。2009年7月11日是周六,天气很热,当我还未进入补液室,就已经看到外面患者排起了长队,一眼望去看不到尽头。

我走进补液室,看到同事们都在有条不紊地忙碌着。在窗口处登记的同事正在仔细耐心地核对着患者的姓名、药名、剂量等,动作熟练地发放着座位牌,配制补液的同事接过窗口的补液,严格执行无菌操作,认真三查七对后开始配制药液,虽然补液很多,但配制药液的同事忙而不乱,仍将药液做到不余、不漏、不污染。带班的同事为我介绍了补液室的环境,然后给我分配任务,我就开始了工作。先按照补液室配制药液的先后顺序给药液连接输液皮条,再将药液放在治疗车上;当治疗车上装满补液,我们就推着治疗车按照顺序按补液单上所写的座位号来到患者面前,做好三查七对,确认患者无误后静脉滴注,并向患者介绍药物及作用,告诉他们若有不适反应,及时打铃告知。没一会工夫,一车的补液就已经打完,回到治疗室重复着先前的工作。时间慢慢地流逝,我也记不清自己打了多少补液。

以前,还听人评价补液室的护士,做的是一些机械操作,我觉得这句话是错的。因为我们补液室的护士年纪虽轻,但打静脉针的技术却很精湛,她们的针法够准、够快,穿刺成功率够高。在补液室有很多都是长期挂补液的老患者,他们每天都要来挂补液,几乎两个手上的静脉都打过针,而且都有淤青,很难打,能找到一根静脉并穿刺进去并不容易,但是我们的同胞姐妹们凭着精湛的技术,创造着奇迹,真的很羡慕这些年轻可爱的"神枪手"们。

3个小时的志愿者服务结束了,当我起身离开补液室,门口的长队已经散去。我由衷地感慨着打针真是一门艺术,让我们不断挑战新高度。每次打针,我们都要全身心地投入,将减少患者伤痛放在首位,将我们的技术发挥得更精益求精,更好地为患者服务。

忙碌并快乐着

作者：敏敏

每年高温季节，也是急诊补液室护理工作最忙碌的时间，补液室的护士们每天要承担大量的护理工作，我曾经是急诊科护士长，能深深体会补液室工作的繁忙和劳累。作为一名南丁格尔志愿者来到补液室帮忙，我的内心感到无比激动。

2009年7月28日晚5点，我准时来到补液室，那里已经排起了长长的队伍，3名低年资护士有条不紊地工作着，治疗室环境很简陋，中央空调制冷效果也不好，周围蚊子也较多，但我们的护士就在这样艰苦的环境下进行着护理工作，用认真踏实的心态面对工作，她们的心态是最好的，最积极的，这让我感动。不得不说的是她们个个眼明手快，很快把拥挤的场面安排下来，在她们的感染下我也融入了她们的工作中，挂补液、拔补液、换补液，仿佛我又回到在急诊补液室工作的那个年代。

虽然急诊补液室帮班只有短短的3小时，但她们的微笑、问候留在我的心中，我们作为南丁格尔志愿者感到无比快乐！

忙碌的白衣身影

作者：春萍

2009年6月25日，作为南丁格尔志愿服务队的一员，积极响应

医院"积极增援，加强急诊的一线力量，全力以赴确保急诊抢救室、预检、补液室的正常工作"，我参加了"抗战高温"活动。

走进急诊室，看着排起长队等候诊治的队伍，看着护士们忙忙碌碌的工作，我就马上投入到急诊补液室的工作中。从中了解到急诊是临床第一线，急诊科护士姐妹们担负着全院急诊的输液和抢救工作，每天的工作都是繁忙紧张的，这里危重患者多，流动量大，承担的责任风险更大，患者需要得到的服务水准更高。他们总能急患者所急，想患者所想，默默无闻地做好本职工作。在补液高峰期，急诊科每天接补液患者达 600 多人次。从上班的那一刻起，护士们就像陀螺似地一直转个不停，常常连喝口水的时间都没有，上完一个班下来，累得汗流浃背、筋疲力尽。

作为一名护士长，我深深体会到急诊科护理组是一个团结战斗的集体，这些可爱的护士姐妹们踏实、肯干、紧紧相随，这里有着宽松的生活情谊，有着紧张和谐的工作氛围，有着理解宽容的护患关系。他们在平凡而艰苦的工作岗位上，以过硬的抢救技术，博大的仁爱之心，为患者提供热情周到的服务。

美丽的心灵

作者：苗苗

作为一名南丁格尔志愿者我积极参加儿科补液室的帮班工作，与其说帮忙，不如说学习更恰当些。

2009 年 12 月 1 日，一踏进儿科补液室的门口，就见里面已经有许多患儿和家属了，后面还有几位等待输液的患儿及家属，有序地在门口的座椅上等待输液，一位老师正在认真地给患儿输液，另一位老师正在快速地抄输液贴，老师快速而详细地跟我介绍了一下工作流程，让我顶替他抄输液贴后，立即又投入为患儿输液的工作当中。通过急诊补液室的南丁格尔志愿活动，我对补液室的工作流程有了一定的了解，很快地融入儿科补液室繁忙的工作当中，在抄补液单的间隙给输液结束的患儿拔补液，为患儿的输液配制药液，看到不懂的，有疑问的赶紧询问一下老师，短短的 2 个小时很快就过去了。在这 2 个小时里我体会到了儿科补液室老师的辛苦，他们顾不上吃饭和喝水，无怨无悔地为每一位患儿的健康忙碌着，她们不仅有过硬的注射技术，对药物的剂量也精确计算，而且还对每一位患儿都充满了爱心和关怀，这些都深深打动着我，是我们学习的榜样。

南丁格尔精神

作者：春英

2009 年 12 月 4 日，我有幸作为一名南丁格尔志愿者到儿科补液室帮忙。虽然只是短短的 2 个小时，虽然只是简单地抄补液单接补液，却让我真正体会到儿科工作的忙碌及不易。儿科护士姐妹们严谨、规范的工作态度深深地感染了我。很快,我便适应了紧张忙碌而有序的工作,全身心地投入到工作中。2个小时一转眼就过去了,虽然顾不上吃饭、喝水,但是依然觉得很满足,因为我体会到了作为志愿者为他人服务的快乐。

从宣誓成为一名南丁格尔志愿者开始,我就以南丁格尔为榜样,尽己所能、帮助他人,奉献自己的爱心。让需要帮助的人得到满足,充分体现自己的价值、理想。儿科护士们虽然那么辛苦,却从未怨言,依然那么认真工作,充分诠释了一名一线护士的职责所在。

作为一名护士,我会尽自己的所能,以最好最优质的服务对待每一位患者,以实际行动来履行南丁格尔精神。

平凡中的伟大

作者: 海虹

2009年7月25日,我以一名南丁格尔志愿者的身份来到了急诊补液室,这是我第一次来到这里,曾经也听说补液室工作的忙碌和紧张,患者的难以相处,这一回是真正的领教了。

急诊补液室负责的是四面八方需要临时补液的患者,他们来自不同的地方、身份不同、知识面也不尽相同。在很局限的环境中,在高温季节里,每次经过补液室门口总会出现一条,有时甚至两条长龙,等候的患者都很焦急。我们护理工作人员也马不停蹄地忙碌着,虽然条件有限,但工作人员的工作热情不减。作为志愿者的我,配制补液、静脉注射,严谨的态度是必不可少的。连续不断的人流,没有片刻地停留。治疗车上贴满了胶布,轮到给患者补液时,又要应付各种性格、脾气的患者。患者可是带着"势利眼"的。看到我去打针,老阿姨就用怀疑的目光看着我,"姑娘,以前怎么没看到过你? 你扎的针不痛吧?"我立刻告诉阿姨,我已经工作十余年,打针技术棒棒的。看着我熟练的动作及一针见血的技术,阿姨才放下了那颗忐忑的心,微笑着说谢谢。

作为南丁格尔志愿者,能在补液室帮忙是一件非常荣幸的事,为人民服务也是光荣的事。我定会沿着南丁格尔走的路,坚定不移地走下去。

天使的笑容

作者:缤虹

7月22日晚17:05我准时到达急诊室,遇到急诊护士长,她人很客气,感谢我们的帮忙,其实从我内心来讲,无须感谢,都是护士,互相帮助是应该的。可能是因暴雨天气的缘故,补液室今晚患者人数尚可,3位护士笑容可掬地与我打招呼,顿感亲切。因为以前在补液室帮过忙,所以什么岗位都能胜任,工作有条不紊。

通过这次志愿者工作,让我感到越是繁忙的科室,护士越可爱,她们的言行都是真性情的表达,对待患者及家属态度也是通情达理,为患者及家属考虑,并没有因为个人原因使患者的治疗有所耽误,关

心爱护着患者。

很感谢有机会参加这样有意义的活动,不光在自身素质方面有所提高,同时对思想境界也有所升华。我要学习急诊补液室护士吃苦耐劳的精神,不计个人得失的优良品质,当然也想提醒她们在消毒隔离、无菌技术方面再加把劲,使这份工作能做得更完美。

南丁格尔是美丽的,是圣洁的,但愿我们身心相随。

我的"战高温"体验

作者:爱珍

7月6日,我响应南丁格尔志愿者服务队的号召,去急诊补液室帮忙。黄梅季节过后,七月骄阳似火。由于连续不断的高温,门急诊患者骤增,输液室前排起了长龙,补液量也骤增。看到不断闪烁响起的补液铃声,看到一份份感觉永远加不完的补液,我心中默默地对补液室的同仁们升腾起敬意!看到她们出色的穿刺技术,面对庞大工作量的高效率,还有吃苦耐劳、不计个人得失的品质……这一切都让我深深折服。每年的战高温,对我们来说只是利用少许时间去帮忙,而对她们则是漫长的两个月,当我回去发现自己的双手因为不断努力配制药液而变得红肿僵硬时,我能想象我的同仁们,她们担负的工作有多艰辛。

通过这次战高温体验,我感到无论多苦多累,只要时时把微笑写在脸上,思患者所思,想患者所想,患者就能感受到我们工作的艰辛和努力。尽管也会碰到不讲理、素质差的患者，可是善良的人还是比较多的。当听到"你们辛苦了！"我感觉一切疲劳、压抑似乎都消散了。我觉得自己更应以急诊同仁的工作心态去对待我的工作。

新 的 力 量

作者：芳芳

南丁格尔志愿者上海市第五人民医院小分队成立了。在这面光荣、神圣旗帜的号召下，我很荣幸成为了其中的一员。作为一名南丁格尔志愿者，肩负着救死扶伤、无私奉献、热情主动为大众服务的责任。

在护理部的组织和领导下，我参加的第一次志愿者活动就是利用下班之余去急诊补液室帮忙 3 个小时。由于七八月份高温，急诊输液室患者数量急剧增加。为了确保急诊工作的有序开展，急诊科的工作人员非常辛苦，她们在高温下坚持把工作做好。输液室是急诊科最繁忙的地方，这里的病员、家属川流不息，送走一批又来一批，一天下来要接触几百位患者和家属。而一个患者输液一次又需要好几道步骤，从接待、收药、核对、排药、安排座位、配制药液、注射、观察、换药，到最后患者离开，这一道道程序需要她们耐心、仔细、负责，又不能以过于机械的态度去完成。在这 3 个小时里，我深刻感到作为一名志愿者，虽然帮不了她们多少忙，却为她们注入了一股新的力量，带去了一种协助、关怀的氛围。

时间在忙碌中飞快地滑过，临走时，急诊科的同事非常客气地道谢。我感到欣慰又有一丝惭愧,短短 3 小时并不能帮上太多忙,希望她们在工作中永远充满自信和热情。同时觉得作为一名志愿者,希望有更多的机会走进社区,走进大众的生活中去,为他们带去光明和希望,做更多有意义的事情。

永 不 放 弃

作者:俭子

7 月份天气炎热,输液患者增多,输液室工作量到达高峰。为了缓解急诊输液室的工作压力,护理部组织志愿者加入战高温的队伍,我也有幸参加了此次志愿服务。

7:45 当我进入急诊输液室时,门口早已排起了长长的队伍。急诊科的姐妹们见到我匆匆地打了个招呼后又各自忙碌起来。短暂地熟悉了环境后,我也投身于忙碌的工作中。输液传递带上不间断地有补液传出,治疗车装满了一车又一车的补液。不知不觉已经到了午餐时间,可放眼望去排队的患者丝毫没有减少。于是我们轮流吃饭,每个人匆匆吃完又投入工作。在这 8 小时的工作中,给我最大的感受就是急诊科的护士姐妹们积极乐观的工作态度,没有一个人抱怨过工作量大,相反都是抢着干,帮着干。急诊科作为医院的一线科室,工作量、工作压力都是全院最大的。很多护士都患有腰椎间盘突出,得过肺炎等,但她们没有说过放弃,这种精神值得我们学习与敬佩。

今年的战高温虽然已经结束,但在以后的日子里,不论是急诊科还是临床科室需要志愿者帮忙时，我都会义不容辞。

战高温里的滋味

作者：陆敏

骄阳似火的夏日，天气热得好似火炉一般，烈日透过空气渗透进了急诊补液室，四周到处是一片忙碌的氛围。门口的长龙队伍慢慢地移动着脚步，急切地等待着补液。

我作为一名南丁格尔志愿者，这时正是挺身而出的时刻。积极增援，协助补液室的姐妹们完成工作。

8月9日早晨，我按照自己的排班来到补液室，发现补液室已经人满为患，空气中弥漫着紧张的气氛。虽然繁忙，但是护士姐妹们还是井然有序地安排前来补液的患者。

铃声在周围不断响起，耳畔时时传来焦急的话语：

"护士小姐，盐水没了！"

"护士小姐，我手肿了。"

"护士小姐，护士小姐……"

"好的，好的。""稍等，稍等。"护士应接不暇地应答着。

蓝衣天使在人群中穿梭着，脸上因出汗而变得红扑扑，她们是补液室里最忙碌的人，也是补液室里一道靓丽的风景线。

今天的我，也尝到了补液室每时每刻永不停歇的味道，打针、拔针、接药、配药，反反复复，好似陀螺转个不停。一个上午下来，已是汗流浃背，手掌麻木。可是，虽然忙碌，但这里护士之间的互帮互助、和谐之情让我倍感欣慰。听到患者的声声道谢，原来的忙碌也悄然而去。

我想，护理事业已经在每一个护士的心里犹如鲜花般盛开。

我心释然……

自 豪

作者： 丽丽

2009 年 12 月 8 日 5 点左右，我作为一名南丁格尔志愿者向儿科补液室走去。在很远的地方，我就听到一阵阵哭闹声传来。踏入儿科补液室，只见补液室里已经坐满了患儿和家属，两位年轻的护士不停地忙碌着，一会儿打针，一会儿接待患儿，配制补液。我立即加入了她们忙碌的队伍中，我询问了她们一些注意事项后立即"上岗"了，我热情地接待患儿及家属，帮忙配制补液、拔针，忙得不亦乐乎。时间在患儿的哭闹声中一秒一秒地过去了，一转眼，两个小时过去了。我很高兴能为这些患儿尽一份微薄的力量！

我为自己是一名南丁格尔志愿者而自豪！

（二）社区篇（爱心相连，精彩尽现）

平凡中奉献，奉献中收获

作者：培华

　　首先，我感到很荣幸能够成为南丁格尔红十字会志愿者之一，并参加了这次活动，要谈心得，说实话也不太会写，因为我觉得再好的口才也比不上行动，说得好不如做得好。

　　作为一名高年资的护士，在这些平凡的工作中，我慢慢学会了设身处地、换位思考，每一个人都要站在他人的角度看问题，只有换位思考，将心比心，才能够真正了解患者的所思所想。在儿科工作，娴熟的技能和良好的沟通尤其重要。由于各种原因，有时我们在操作上未能做到一针见血，家属不理解，出言不逊，因为为人之母，心疼孩子，我很理解他们，这时良好的沟通尤为重要，这样才能把工作做好。

　　我喜欢在儿科工作，喜欢那些天真可爱的孩子们，在工作中同时也体会到了快乐。我认为工作是生活的根本，也是幸福的基础，珍惜自己所拥有的，每一件事情都认真地去做，去体验，甚至包括我们的悲伤，委屈等，这一切都是在丰富自己的人生。

　　对于我们的护理工作，做事一步一个脚印，全心做好每一件事，要注重效率，勿以事小而不为，这也是这么多年以来我在平时工作中的工作原则。

五、回报社会（大疆有域，爱心无限）

079

大 爱 无 疆

作者：薇薇

有这样一支队伍，他们的工作不为名不为利，只为能够帮助更多受病痛折磨的人们。这支队伍的名字就是——南丁格尔志愿者服务队。他们一直秉承南丁格尔精神，十几年如一日，从成立之初就无间断地为有需求的患者提供他们的专业服务与无私的关怀。

很有幸，在国际护士节这一天我能够有机会加入到这么一支队伍中，当时我正在医院协助带教 2 名芬兰的交流生，当得知此次志愿者服务内容与我们专业方向相匹配性，组织上允许我们参加这次活动时，我们都很激动与兴奋。此次活动主要是进行糖尿病足的筛查，以提供后续的预防及治疗方案。在上海地区，因饮食习惯等问题成为糖尿病的高发区，又因为很多人对糖尿病足重视不足造成严重的并发症。因此，5 月 12 日当天早上 6 点的时候全体人员就集合在医院内分泌科，随后在护士长的指挥下，把需要的仪器设备搬运至运送车上，我们的行程正式出发。

早上 7 点的时候，我们就已经到达了所要服务的社区街道办事处，受到工作人员热烈的接待，认为我们的工作非常有意义。活动通知一公布，已经有非常多的人前来询问，并表现出极大的参与热情，同时希望我们这次活动能够更多地举办。社区现在很多人患有糖尿病，但在没有严重影响到生活情况下，不会到医院进行检测,也有一些人因各种原因出现糖尿病足,没有足够的指导使得后来情况发展恶化,最终不得不截肢。我们收到这些信息的同时也深深感知我们服务活动的意义及我们可能需要更多地去帮助这些人群。

在我们刚准备好物品的时候,就已经有很多老人在门外排队,我们派了专门的人员给他们提供一些流程的指导。在一开始的时候,安排两位芬兰交流生测量血糖、腹围和体重指数(BMI)值,所有人的工作都有序地进行着,我们的带教老师严老师主要负责为患者测量足背动脉搏动情况,有很多患者的脚上已经出现皮屑、溃烂等,但严老师仍然一丝不苟地进行着她的工作,并微笑而耐心地为患者解释他们足部的情况,使得很多人在整个检查过程乃至结束都很感谢她,并觉得能遇到我们这么好的服务、这么好的队伍,这么好的人表示非常的感激。工作整整持续了一天,期间我们轮换着吃了午餐便继续为这些患者服务,大家都不希望让这些人等得太久。

在回程的路上大家感觉都很疲惫,很多人已经睡着了,我和两个芬兰的留学生一样,虽然感到疲惫,但那种充实感与帮助他人的荣誉感仍让我兴奋不已,同时我们也深深感受到疾病的预防及知识的普及之路仍旧很长远,我们仍会尽自己力量去帮助这些人,跟随这样一支队伍,让我真切地感觉到了"大爱无疆,上善若水"。

爱无国界

作者: 薇薇

2014年7月份,五院南丁格尔志愿者服务队组织我们进社区为老人提供慢性病科普活动,当收到这个消息的时候我就把这次主题活动的时间告诉了两位芬兰交流生,并向她们说明现在上海天气炎

热、注意防暑,我们进社区活动是户外和室内相结合的,可能会比较艰苦,同样这次活动我们挑选的是双休日,这也意味着可能会占用她们的休息时间,她们当即表示出了对这项活动的热切期盼,并不畏惧夏季的烈日。

活动前期,我们组织大家在人流量比较大的地方进行科普资料的派发,她们也自愿加入队伍并且与大家一样不惧炎烈,连喝水时间都不固定。在下午,我们选了固定的区域进行专业指导,两位交流生虽然不能用中文去表达内容,但她们也表达了积极性,有人来询问时我帮助翻译,她们也很积极地提出她们的看法,把她们国家的经验与大家分享。

在整个志愿者活动中,两位交流生都表现出对志愿者活动的专注度,她们表示看到这些可能对自身疾病知识不了解,导致疾病不能很好控制的患者时,想到的不是自己短暂的休息,更多的是如何能够帮助他们。

带领芬兰护理志愿者的感悟

作者:薇薇

时光飞逝,协助带教芬兰交流生的任务即将结束,在这个过程中带领她们参加了几次南丁格尔志愿者服务,在志愿者活动中我既是志愿者,同时又是她们的翻译者,在整个过程中我也收获了很多。

在活动过程中她们一直表现了积极向上的正能量,不管是在遇到其他人的误解,或者遇到困难难以解决的时候,这种无惧挑战的奉献精神与我们南丁格尔志愿者服务队是无比的吻合,她们常说,能够用我所学的知识帮助别人,让她们更加地健康,或更快地恢复健康让我感到无比的自豪。

相信在未来的日子里,我们还会有机会一起为公益事业做奉献,为那些需要我们帮助的人们提供我们的帮助。

永平记忆——感恩、祝福

作者:婷婷

人的一生很长,会经历很多事,会遇到很多人,或许你会忘记,但有的事,有的人,会永远留在我们的记忆里。

2016年暑假,复旦大学举行了暑期云南永平"改变家乡"基层行活动,作为上海市第五人民医院南丁格尔志愿者小分队的一员,我有幸参加了这次支教活动。本次基层行要为当地村民讲解慢性疾病的预防管理、禁毒防艾的宣传及对当地居民对毒品和艾

滋病的认知情况进行调研。由于时间有限，我们一行人到达曲硐村后，就立即投入到宣传工作中。7月19日，我们来到曲硐中学进行戒毒防艾和日常饮食保健知识宣讲。7月20日，我们一早就来到了曲硐村菜市场，进行慢性疾病防治的宣讲。7月21日，我们在曲硐村卫生院和永平县人民医院支援团举行了联合义诊。7月22日，走访了幼儿园……

时光飞逝，基层行活动很快就结束了。活动中，我们遇到了一些困难，如天气的因素、设备的因素等，但我们都坚持下来了，或许有心酸，但更多的是感动。活动虽然已经结束，但这一切并没有结束，我将以此作为人生新的起点，怀揣这一段美好的记忆，带着感动和思考启程，继续努力快乐地面对我的学业、工作和生活。

共抗慢阻肺，助力深呼吸

作者：慧慧

随着我国慢性阻塞性肺疾病患者的不断增加，其问题也越来越突出，由于其病程缓慢，大多数患者需要居家疗养，然而患者出院后仍有较多的居家照护需求。我院一直致力于开展慢病患者的延续护理服务。在我院老年慢病护理知识科普工作坊的带领下，我们在闵行社区开展了慢阻肺的健康教育系列活动，向患者发放健康教育手册，为患者测量血压，给患者讲解慢阻肺的疾病相关知识，指导患者戒烟，指导患者正确的缩唇腹式呼吸方法，并深入了解患者的居家环境，家庭氧疗安全等，进一步为患者做好肺功能康复计划。

此次活动得到了众多社区居民的欢迎和表扬，活动中大家都很积极地向我们提问，通过这次活动，我们也了解到慢阻肺患者的居家照护需求仍很迫切，我们的延续护理任重道远，希望今后有更多的人加入到我们的延续护理服务，共同努力，共抗慢阻肺，改善患者呼吸功能，提高生活质量。

拒"糖"千里

作者：华华

近年来，我国糖尿病患者数量不断增多。然而，很多糖尿病患者并不十分了解糖尿病对人体造成的伤害，以致忽视了血糖的常规监测和日常饮食、运动在疾病管理中的重要性。我院与闵行区众多社区有着良好的合作关系，因此，在内分泌科张蕾护士长的带领下，我和内分泌科的多位护士一起走进江川社区，为社区居民进行义诊活动，包括为居民免费测量血糖和血压、腰围、臀围,还为确诊糖尿病的居民检测足部神经阈值,及筛检糖尿病足高危者。活动中,还有糖尿病专科护士为居民讲解与糖尿病相关的疾病知识,就患者在饮食控制、规律服药、监测血糖和日常锻炼中应该注意的事项给予具体的指导,教育他们注重改善饮食结构、控制体重、增强体质,远离糖尿病,提高生活质量。

此次活动受到了众多居民的欢迎,从活动开始到结束一直不断有居民前来就诊和咨询,他们耐心地听护士讲解糖尿病相关的健康教育知识,也不断地向我们咨询在日常生活中自我照护或照护家中糖尿病患者时的注意事项。在此次活动中,我们通过发放宣传资料、现场咨询、免费义诊等形式向众多居民宣传糖尿病相关知识,使他们对糖尿病防治知识有了更加深刻的认识。

关 爱 "糖 人"

作者: 华华

随着网络信息的发展,糖尿病患者获取健康信息的途径越来越多,几乎所有的糖尿病患者都接受过"管住嘴,迈开腿""糖尿病五架马车"之类的健康教育信息,但是在日常生活中,"糖人"们对于如何执行管嘴、迈腿却犯难了。我院一直致力于将慢病管理延伸至每位患者家中,经过不断努力,五院慢病护理知识科普工作坊应运而生。2010 年 11 月 12 日,在慢病护理知识科普工作坊的总指导下,由我、张蕾护士长、严翠丽老师组成的内分泌科小分队赴红旗社区对社区的"糖人"们进行现场指导,包括饮食、运

动和足部保护三个方面。

　　糖尿病患者们接受的饮食控制的主要健康教育信息即为少食多餐、清淡饮食、严格控制糖类食物的摄入等大而宽泛的内容,他们对少食多餐的"少"没有量化的认识,对控制热量也缺乏客观的认知。因此,针对饮食健康教育中的这一薄弱环节,我们在此次活动中重点向"糖人"们介绍了日常生活中的饮食的热量估算方法——食品交换份,一个食品交换份即 90 千卡的热量,一个正常大小的包子是 3 个食品交换份、1 个鸡蛋的热量是一个食品交换份,同时还带上各种食物模型,让他们对一份食物的大小形成客观的认识,那么"糖友"们在饮食中就可以方便快捷地估算自己进食的热量。同样的,我们向糖尿病居民们介绍了各种运动消耗相同热量所需要的时间,有利于他们在平时运动过程中能够完成有质量的运动。

　　糖尿病足是糖尿病患者最严重的并发症之一,严重者可因截肢致残,甚至为此付出生命。我们通过图文结合的方式向现场的众多"糖友"们介绍了糖尿病足的危害,同时指导他们如何选择合适的鞋袜,如何做到居家自我护理,受到了现场"糖友"的一致好评。糖尿病患者经常会陷入饮食、运动的困惑中,关爱"糖友"不仅是关注他们的治疗,更要关注他们的生活,此次活动我们通过客观、通俗易懂的方式为他们答疑解惑,使他们掌握如何自我护理,必将有效改善他们的生活质量。

血透的路上，我们与您相伴

作者：永泽

　　对于血液透析患者而言,虽然血液透析可以替代肾脏的部分功能,延长生命,但患者仍有较高的病死率,主要与患者液体摄入超标

导致透析期间体重增长过多有关。透析期间摄入的水或液体过多会直接引起患者身体里的水分潴留，从而增加心脏的负担，严重者可能会发生死亡。针对此问题，经过 3 个月的努力，我们团队完成了《血液透析患者体重管理指导手册》的编写，并在血液透析患者的健康教育活动中免费发放给患者，给予患者耐心的讲解，告知患者基本的血液透析知识，指导患者在家中如何做好饮水与饮食的控制、如何做好体重增长的监测管理方法。在了解到绝大多数患者为了减少每天的饮水量导致口渴、口腔干燥的情况时，根据患者的具体情况，分别给予他们饮用冰水或柠檬水、咀嚼口香糖等方法指导，个性化地帮助患者缓解口渴症状。

与血液透析患者的沟通交流过程中，我们也了解到他们在血液透析这条路上所经历的酸楚。对于他们来说，血液透析就是生命得以延续的火光。在这条孤单的路上，我们应该竭尽所能帮助他们，不仅仅为他们提供必要的疾病健康知识，还应注意多与患者沟通，以宽慰他们的心灵。血液透析的路上，与患者相伴，不再让他们感到孤单。

让科普充满生命

作者：春萍

2011 年 7 月 27 日，我院 3 位南丁格尔志愿者：周艺、包怡、黄春萍参加了闵行区科普知识普及协会在碧江路景谷苑举办的科技普及活动。

活动内容丰富多彩，首先我们和社区居民一起观看了精彩的文艺表演，并开动脑筋竞猜谜语。文艺活动结束后，我们为社区居民送绿植，向社区居民宣传环保知识。接下来又为群众测量血压，向他们宣传身体保健知识。

活动极具趣味性，社区居民被深深地吸引到活动中。此次活动不仅传播了科学知识，让社区居民了解了更多的科学知识，而且提高了居民对科学的兴趣，活跃了社区科学文化氛围。

科学有多远，我们就该走多远。科学路上有您有我，伴着青春，我们携手同行。

义 诊 感 言

作者：春红

2012年3月23日，在春暖花开之际，我们参加了江川文化馆举办的第二届上海市民文化节社区文化服务日"文化惠民在江川"的活动。

所有的工作人员都面带微笑耐心地服务于社区大众。我们作为志愿者代表五院参加了本次义诊活动，向广大居民提供免费的医学咨询、健康指导和测量血压。社区大众都有序地来测量血压和咨询一些健康知识,看到他们满脸挂着幸福而知足的微笑时,我们深感荣幸。作为一名医务工作者,能用自己所学的知识服务于大众,为群众排忧解难,我们感动于自己的一份职业荣誉。

我们的公益活动一直在延续着。作为一名医务工作者,也希望通过这样一个平台来改善当前紧张的医患关系,通过我们的行动传递社会的正能量。希望社会能给医务工作者多一点尊重,多一分理解。

关爱银发健康

作者:培华

2012年9月17日上午,我院南丁格尔志愿者一行3人到碧江敬老院为老人测量血压。我很荣幸成为其中一员。我们与老人们亲切交流,老人们满意的笑容,配合着淡淡的秋意,组成了一幅和谐的画卷。

在活动中,我们为老人们测量血压并指导合理用药,反复嘱咐陪护人员要给老人按时按量服药等。很多老人对自己的身体状况不太了解,检查时我们总是耐心地解释并详细告知每位老人测量的数值,叮嘱他们按时按量服药。最后,我们还给陪护人员详细介绍了老人们当前的健康状况和注意事项。

通过此次活动的开展,希望我们的点点滴滴能让老人们感受到社会主义大家庭的温暖,为建设和谐社会尽微薄之力。最后,希望这些老人们都能健康!

关爱夕阳红

作者：春花

2015 年 11 月 10 日，我随同姜红燕老师、冯学英老师来到了凤庆路的恩光养老院，向院内的老人们讲解偏瘫之后的功能锻炼，指导老人们如何正确摆放偏瘫肢体的功能位，被动功能训练及主动的功能锻炼，得到了老人们的欢迎与好评。

在如今的社会中，人们对自身的保健越来越重视。在此次的讲解过程中，老人们都很认真也很主动地随同我进行肢体的功能训练，通过 30 分钟的培训，已基本掌握了肢体功能位的摆放及主动功能锻炼。但由于我是第一次面对毫无医学基础的人群进行讲解，刚开始使用过多的专业术语，使得讲课内容过于生涩。在今后的活动中，我会尽量使用通俗易懂的语言，让传授的知识更便于理解。

付出真心，传递真爱

作者：春英

2012 年 9 月 18 日中午 12：00，夏怀华护士长和我作为南丁格尔

志愿者,利用业余时间参加了闵行区一年一度的科普宣传日活动,同行的还有内、外、妇、儿科的同仁和几位专家主任。

12:30,我们来到活动地点——莘城公园,立刻被现场的气氛所感染了。没做片刻休息,我们立即投入到繁忙的工作中。我和夏怀华老师的任务主要是为社区居民测量血压,给予健康咨询。不一会儿前来测量血压、咨询的居民便排起了长龙,我们认真、细致、耐心地为每一位居民测量血压,回答他们提出的每一个问题,并给予相关的健康指导。虽然当时天气很热,我们没有时间喝上一口水,但每每听到阿姨、伯伯们一句句真诚的感谢,看到一张张亲切的笑脸,我们再热再累也觉得很快乐、满足,并体会到了作为一名南丁格尔志愿者的价值所在。

3个小时的活动很快过去了,但是我们还沉浸在助人为乐的快乐中,最后我们将这次活动的所得全部交到了我院南丁格尔志愿者队的队长手中,作为我们的志愿者队活动基金。虽然只有几百元钱,但我相信只要付出真心,就能把我们的爱心永远传递下去。

关爱健康，从自己做起

作者：敏媛

在一个阳光明媚的午后，我们南丁格尔志愿者一行 7 人来到江川文化中心为退休老人提供免费测量血压、血糖及给予高血压、糖尿病的相关饮食指导、用药指导及家庭护理知识的义诊服务。

钱春英作为急诊科护士长，为老人们上了一堂生动而有意义的急救知识讲座。期间，有很多老年居民与钱春英有不少交流，讨教急救常识，包括心肺复苏等，让大家受益匪浅！随后大家一起来到测量血压、测血糖的会场，场面异常热烈，广大群众纷纷上前咨询与自身相关的疾病知识。志愿者们不管天气的闷热，来不及擦汗，马不停蹄地给大家服务，详细地记录血压和血糖值，看到有异常的数值时也不忘多叮嘱居民两句，做好自身疾病的监测。临近活动的尾声，居民们拿着志愿者带来的宣传资料，不停地说着谢谢，带着微笑离开了会场。

而对于我们来说，只要让他们对自身健康多关注一些，能够健康快乐的生活，就是对我们最大的回报。

093

无悔天使心

作者：春英

周四接到通知，周五去街道为小区老年朋友讲急救知识，突然联想起自己的阿姨因脑出血在家意外死亡，年仅55岁，感觉这样的活动真的是非常有必要。作为一名南丁格尔志愿者，我愿意尽我所能帮助有需要的人。

2014年10月16日，阳光明媚的一天，心情也特别好，为自己能服务他人给予帮助而感到快乐。我们一行8人，早早来到小区，我们的到来受到小区居民的欢迎。本次活动除了简单的测血压、测血糖项目外，还给予疾病相关知识的宣教，特别是饮食方面的指导。很多老年朋友的咨询都特别详细，他们还在邻里间互相转告，让更多的居民前来，分享健康知识。

9：30，急救知识讲座开始，在课堂上我用自己的亲身经历给老年朋友讲了家庭常用的急救方法，并在课堂上进行了演示，广大老年朋友们都积极学习，不断提问，对他们的每一次提问我都耐心解答，而这让我有一种自豪感和成就感。

如果有人问下辈子你还会选择护理工作吗？答案是肯定的。我骄傲，我是一名护士，一名南丁格尔志愿者。

绝知此事要躬行

作者：春花

2015 年 4 月 22 日早晨，综合科护士长夏怀华、十九病区护士长姜红燕和李卫英、胡春花护师一起来到红园，向在园内活动的居民朋友们讲解院前急救知识——心肺复苏。

首先由姜红燕护士长向大家演示解析整个操作过程及注意事项，然后居民们自告奋勇的上前来练习，感受急救。由夏怀华护士长和姜红燕护士长在两侧指导、纠正，同时不停地讲解，如何判断意识丧失、如何知道动脉搏动微弱、人工呼吸及按压的关键点等，居民们兴致盎然，积极参与。本次活动受到了居民朋友们的一致好评。

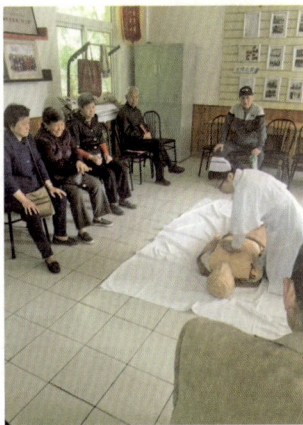

通过此次活动，让我深刻感受到非医务人员急救知识的缺乏，以及人们错误的观念，认为出事了就打"120"，急救是医务人员的事情。全民普及院前急救知识是一项任重而道远的大事，它不仅仅是医院的科普宣传，而且应该成为各个单位，乃至整个社会的培训课程。只有每一个第一目击者都掌握正确的急救知识，都能够在第一时间伸出援手，患者才有生还的希望。

教 与 授

作者：孙美

5月12日是国际护士节，也是"5.12"汶川地震三周年纪念。在这个特殊的日子里，我们南丁格尔志愿者一行十人，来到了闵行欧尚超市广场，为现场群众进行义务测量血压及疾病咨询。

在一个多小时的志愿活动中，我们总共接待了几百人次的疾病咨询和测量血压。由于群众医学常识的匮乏，有较多的居民血压偏高未引起重视。一部分高血压患者没有监测血压，认为吃药了就安全了；有的群众血压高达180 mmHg/100 mmHg以上都没有进行正规的治疗，因为他们觉得没什么不舒服，等等。通过我们耐心的讲解，他们意识到问题的严重性，同时也希望我们能经常进社区进行科普宣教。

还有较多居民是前来咨询疾病的。由于能力有限，我们也只能较粗浅地回答与自己专科相关的问题。至于更深层次的治疗及其他专科的咨询，我们也无能为力了。因此建议下次志愿者活动时邀请内外科医师共

同前往,这样就能解决居民更多的疑问,更好地为居民服务。

自豪的红五月

作者: 晓敏

五月,暮春时节,清风白云,绿荫如海,五月有太多的节日共同度过,但是 5.12 是我们护士最自豪的节日。这是令人难忘的日子,汶川地震是我们永远的痛,在抗震救灾第一线,有多少我们的护士为救护伤员彻夜奋战,废寝忘食,默默奉献。今天,我们要代表志愿者队伍去关心我们生病的护士。护理工作的劳累及艰辛,使我们身边的护士病倒了。作为志愿者,我们在关心群众、患者的同时,我们更应该关爱我们的护士。

5 月 8 日我和姜红燕相约一起去探望我院因生病住院和在家休养的护士们,外面雨下得很大,天气有些凉意,就算这样也不能影响我们一颗火热的心。看到她们憔悴的面庞,我的泪水

五、回报社会(大疆有域,爱心无限)

097

止不住涌出,我们同是护士,我们会相互支持,互相共勉,虽然没有贵重的礼物,但当我们说出激励的话语,送去温馨的关怀那一刻,我们的心都是连在一起的,此时每一个眼神、每一个动作都深深地表达了我们的情意。

我们是白衣天使,我们有天使的心,天使的微笑,珍惜每一次的相遇。

来自北京青年湖畔的谆谆教导
——2006年秋再访中国护理泰斗林菊英先生

作者: 苗苗

在北京2006年护理大会的闭会期间,由杨老师带队我们再次来到了北京青年湖拜访林菊英老先生。前两次的拜访也是在秋天中秋之际,林老师的笑容和谆谆教导,仿佛还在眼前浮现、耳边回响。这次我们又一次来到她家,然而时间已经过去了两年,林先生虽然身体状况不佳,但精神矍铄,思路清晰。

自古秋凉多寂寥,秋天本就是个多愁善感的季节,再加上林老师生病的消息让我们的心情更加沉重。怀着对老师的崇敬之情,我们再次拜访了林老师,来到青年湖畔,叩响了林老师家的大门,为我们开门的是林老师的儿子,林老师站在屋内迎接我们,看到满头银发、年过八旬的林老师精神依旧,依然是那样的和蔼可亲,我们的心中也有了些许的安慰。屋内的陈设与两年前没有多大的区别,还是那样的简朴与大方,那只是北京一个普通家庭的摆设,没有豪华的装修,没有华丽的布置,这就是中国乃至世界护理泰斗的家,是一位推动我国护理事业发展并做出过突出贡献、两次荣获美国著名大学的荣誉博士美称、第32届南丁格尔奖章获得者、现任中华护理学会名誉理事长的家。家是那样的朴实,人也是那样的谦和,病中的林老师说话显然有些吃力,虽然思维还是异常敏捷,她的两语三言已使我们受益匪浅。"只有当你角色发生转换,自己成为患者的时候,你才能真正体会到患者所需要的到底是什么,我们应该为他们提供什么样的服务"这是大师的切身体验,也告诉我们在工作中应该进行换位的思考,只有经历才能真切感受。"我需要一个人或一本书告诉我,我现在怎么了,我回到家中应该怎样做,我现在处在一个什么样的情况接下来会是什么"这是一个患者、一个老师对我们的期望,也是前辈对我们的殷切期望——做好临床护理、做好护理科研、做好家庭护理、做好健康教育。更加坚定了我们团队科普书籍写作的历程。

林老师一生从事护理事业,风风雨雨六十余载,为我国的护理事业奠定了扎实的基础,她那博大精深的知识、谦逊待人的品德,一举手、一投足,无不展现了护理前辈的大家风范。从前辈的身上,我们看到了护理事业推崇的仁心仁术、济世救人的职业品德,她是我们每一位护理人员学习的楷模和典范。与老师会面尽管只是短暂的一小时,但这段经历我们永生难忘,它将激励着我们把护理工作做得更精细、更到位。我们由衷祝福老师:身体健康、平安幸福!

仁心仁行

作者:洁玫

春暖花开之际,我参与了"文化惠民在江川"的心理咨询免费体

检活动。活动的地点是在江川文化馆，在那里我们为来往的行人进行义诊，并测血压达 188 人次。

当我披上南丁格尔的披肩，坐在"护理学"的标牌后，顿时感到作为一名志愿者是多么地光荣而又神圣。在活动现场，工作人员们个个面带微笑，认真地为群众测量血压，热心耐心地为群众进行健康指导。我深深地知道，作为一名医务工作者，我的职责就是让人们健康快乐地生活着。虽然我的专业知识有限，但我会尽自己最大的努力为需要帮助的人们答疑解惑，为他们提供有益于健康的合理建议，看到他们脸上满意而又知足的微笑，我也深感欣慰。在整个活动过程中，我们始终保持着愉快的心情。通过这个平台，我们不但可以宣传医学知识，为有需求的老年人提供力所能及的帮助，而且指导有异常情况的老年人尽早就医，以免延误病情。

此次活动结束了，我不禁想到："医者艺也，医者仁也"将医学探究到极致使之成为一门艺术，将医学护理发挥到极致使之惠及众生，这也许也是我们医务工作者需要用尽我们一生去努力追求的。在今后的工作中，希望能够多参与这样的活动。

燕尾帽的使命

作者：卫英

　　2014 年 5 月，我、夏老师、姜老师、胡老师一行 4 人来到红园社区服务中心为社区居民进行心肺复苏术的健康指导。心肺复苏是一项急救的技术，应该人人都会。人类猝死 87.7％ 发生在院外，就是因为缺乏急救黄金时段的有效救护，这是多么令人痛惜啊！若是人人都会心肺复苏术，在患者发病时能在现场实施及时、有效的初级救护，将大大降低猝死，也为进一步的专业救护赢得宝贵的时间。

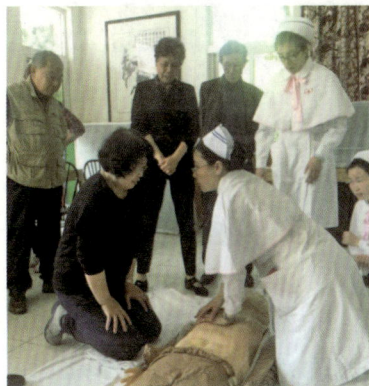

　　因此，普及心肺复苏术刻不容缓！带着这个使命，我们 4 人热情高涨地为他们进行宣教指导。夏老师和姜老师轮流示范并指导每一个要学习的居民进行心肺复苏的操作，一遍又一遍。我和胡老师则为居民测量血压。这里的居民对疾病的防控意识都较好，一个个积极地参与到我们的活动中，他们很感谢我们能在繁忙的工作中抽空给他们培训，我们也很感谢他们的配合。这是一个对大家都有利的活动，居民们掌握了急救技能，我们则在学以致用中增强了业务水平。

尽管这次活动开展得很成功，但是借此我还是想给社区服务中心提一点建议，希望他们在活动的宣传上多动点脑筋，增强宣传效果，合理安排各项活动的时间，利用一切可利用的资源，把为人民服务的宗旨落实到最大化，和医护人员一起指导社区居民的疾病防护工作，提高社区服务工作质量。

其 乐 融 融

作者：娜维

2015年3月23日我有幸参加了江川文化馆举办的第二届上海市民文化节中的社区文化服务日"文化惠民在江川"活动。

前来参加的市民络绎不绝，他们都很有秩序地前来测量血压，并且咨询各种疾病方面的知识，他们都渴望获得关于健康方面的保健知识。我为能参与此次活动而感到荣幸，现场为100多人测量血压，并普及高血压疾病的知识。随着当今社会市民生活水平的不断提高，市民的生活条件也好了，可是随之而来的高血压、糖尿病、高血脂、肥胖等却开始困扰市民，尽管现在也可以通过多种渠道来了解各方面的知识，但像这种一对一的正面讲解与回答，会使居民的心里更踏实、更实在、更贴切。

我们的公益活动一直在源源不断进行，我希望通过这样的公益活动来改善当前紧张的医患关系，我们现在所能做到的是把正能量一直传递下去，希望社会能给我们多一点尊重，多一点理解。

治　未　病

作者：学英

作为一名南丁格尔志愿者，非常有幸参加慢性病知识讲座，此次讲座的题目是"腹透的居家护理"。这个题目对于社区居民是比较陌生的，所以如何让患者深入浅出地了解腹透相关的理论知识，是我们感到棘手的问题。

通过科普讲座这个活动，我深深地感到社区居民的科普知识面较广，热情的居民对他们的疾病知识往往一知半解，通过下社区进行科普知识宣传，使社区居民获得专业的健康知识，与目前的国情"预防胜于治疗"的理念不谋而合。

希望有更多的机会能参与到科普知识系列讲座活动中，拓宽自己的思路，提升自身的综合素质。

拉近你我他

作者：春萍

为了让社区老年人真正享受到来自医院的贴心服务，提高他们的健康知识知晓率，2015年11月12日9：00我和科室的王璐彬一起来到红旗六里委的活动中心给那里的老朋友们进行慢病讲座活动。

那天早上下着毛毛细雨，当我俩一起走到服务中心时，看到20多名老年人已经有序地坐在那里等待我们的到来，我感到相当激动。那天我给他们讲解了高血压的自我管理，主要从饮食、活动、休息、服药等方面进行，在场的每一个人都听得非常认真，课程结束后还进行了单独的沟通，并发放了一些相关的健康教育资料，得到了很好的反馈。

作为南丁格尔志愿者，我将继续走进社区，讲解慢性病管理的活动，大力弘扬南丁格尔"人道、博爱、奉献"的精神，将志愿护理服务送到更多的社区老年人手中，为其提供有效的疾病指导。

真 诚 相 待

作者：孙美

2015年11月12日上午我们南丁格尔志愿小队出发了，我和护理部曹健敏副主任一组整装待发，来到香樟家园昆阳点进行健康知识科普讲座，走进讲座课堂，居民们早已就坐，我们直接切入主题，将老年社区居民最关注的脑血管问题作为讲座重点，在《脑卒中的防治》《控制高血压降压要达标》两个讲座中，我们以图文并茂、实际案例将脑血管疾病发生的诱因、常见先兆症状、日常生活的防治、如何合理口服降压药等一一进行了讲解，讲座结束后居民们积极咨询，按需拿取健康宣教资料。

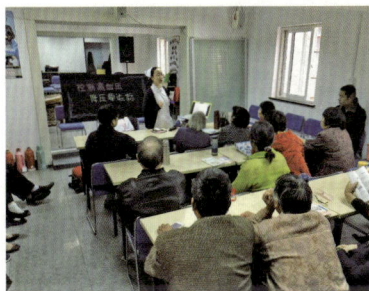

通过这通俗易懂、近距离的科普讲座，取得了较好的反馈，也增进了医院与社区居民之间的距离。虽然，我们一次小小的科普讲座的力量是微薄的，但我相信团队力量的汇聚会给周边社区居民带去一份健康，让我们一起共建和谐社会。

疼痛，并不可怕

作者：华华

今天，我参加了江川老年慢性疼痛护理知识科普工作，心里既高兴又荣幸。

面对台下的老年朋友，我们认真、逐一地讲解着老年慢性疼

105

痛的知识和预防,台下的听众也听得非常认真,整个过程十分理想。通过演讲,我也丰富了相关知识,为宣传慢性疼痛防治贡献出自己的一份力。

通过这次志愿者活动,我学习和感受到我院护理部全体护士姐妹们团结一心,无私奉献,全心全意为患者服务的精神。我们要继承和发扬南丁格尔精神,爱岗敬业,乐于奉献,为五院美好未来做出自己的贡献。

爱心在传播

作者:秀丽

随着居民生活水平的不断提高,对医疗保健知识的需求也日益提高。我们志愿者小分队又出发了。

2015 年 11 月 12 日上午9:30,我和陈爱珍等一行人去香樟园东风点进行科普讲座。一到那里,就已经有好多居民同志来到了会场。我们今天讲座的内容是《支气管哮喘》和《慢性阻塞性肺疾病的自我管理》。居民们听得非常认真,时不时还进行提问和互动,结束后还进行了相关知识的咨询。我们尽自己所能,用通俗易懂的语言解释和沟通。居民们希望我们以后能经常开展这样的讲座。

推开健康之窗

作者：学英

作为一名护理志愿者，每次参加社区科普等志愿者活动，都能深深地感受到护理工作的重要性。

2015年11月12日，我参加了闵行区恩光养老院的社区科普活动。作为《腹膜透析居家治疗》的主讲人，从疾病的起因、病情、门诊随访等方面说明了疾病相关的保健知识，从养老院老人们的访谈中了解到，老年人非常希望了解疾病的知识，但获取专业知识的途径很缺乏，而我院这样的社区科普知识系列讲座无疑为老年人的自我保健打开了一扇窗户。由医院组织的知识讲座远比社会上所谓的保健品宣传更有效，也更能被老年人所接受。

希望有更多的机会能给社区的老年人以及需要了解疾病知识的社区居民提供专业的健康指导。

团结就是力量

作者：张蕾

2015年10月23日，阳光明媚，我再一次有幸参加了五院南丁格

尔志愿者活动。这次活动阵容强大，护理部主任带领各科护士长及护理骨干来到江川社区，为近百名社区老人讲解常见慢性疾病的科普知识，老人们对我们深入浅出的宣传内容很感兴趣。课程结束后也不愿离去，围绕在讲台前提问咨询，我们也带了由我们护理团队所撰写的科普书籍，分发给有需要的居民，老人们都大为赞叹。原来护士们不仅能干还能写，真是厉害啊！

本次活动，我也受益匪浅，我看到了我们的护理团队制作的宣传展板，这是对我们多年来护理工作的总结与激励。我们团队是如此强大，发展平台是如此广阔。我想：我们的护理工作、志愿者工作都是有意义的，我们必将坚持并快乐着！

微笑，让彼此拉近距离

作者：永芬

随着社会的飞速向前发展，人们的生活节奏加快，尤其是在老龄化程度越来越高的今天，社区内的老年人因行动不便而就医困难，为此我院于 2013 年 6 月 12 日组织"节能低碳科普宣教进社区"活动。

我院由一名中医科医生王主任和护士 3 名前往马桥镇节能低碳科普宣教进社区现场。听说是市五医院的志愿者，居民们排着长队等候我们的到来，这种感觉很美好。中医科王主任为每位咨询者一一作答，我们护士怀着一颗为他人服务的热心给社区的成员测血压。通过此次活动，我们发现马桥社区内高血压症状很普遍，年龄均在 60 岁左右及以上，在药物治疗下可维持在比较稳定的范围。测血压结束后我们针对高血压人群做了专门的健康指导，包括以下几个方面：①控制能量的摄入，限制脂肪的摄入，适量摄入蛋白质；②多吃含钾、钙丰富而含钙低的食物；③运动勿过量，过强过累；④定期测血压，定时服药，治疗高血压应坚持"三心"，即信心、决心、恒心。居民们听完后表示认同，给我们留下满意的笑容，我们也舒心地笑了。

通过这次活动让我感到了自己的价值。作为一名护士、作为一名南丁格尔志愿者，能为他人奉献自己的爱心是我的初衷。

总之，医院社区服务关系到每个人的生老病死，防治疾病提高人口的健康水平，也是我们建设和谐社会的重要内容，我会积极参加医院组织的各项社区服务活动。

关爱老人，人人有责

作者：玲玉

今天有幸参加了医院组织的有关"重阳节关爱老人"的义诊活动。此次义诊在鹤北小区，主要内容是为居民测量血压、测血糖及分发慢性病的健康宣教资料。

活动虽然只有半天，但参加的居民很多，量完血压又去测血糖，还有的拿着自己的检查报告来咨询医生。

从测量结果来看，大部分老年人的血压都是偏高的，他们对于慢性病方面的防治知识还是比较缺乏的。但值得欣慰的是，大家开始关注自己的健康问题。

这次活动很有意义，一方面使老年人受益，另一方面也让我们有了一个锻炼提升自己的机会。

我奉献，我快乐

作者：宇宏

2015年11月12日上午在院办、科教科、护理部及江川街道社区卫生服务中心的共同努力和支持下顺利开展了老年慢病科普知识宣传讲座。此次社区宣传活动旨在普及社区老年慢性病患者疾病预防及护理知

识，提高老年人的自我管理及生活质量。

此次社区科普讲座中，主讲人由护理部 20 名南丁格尔志愿者组成，并有 2 人一队分成 10 个小分队，分别到达红旗六村、红旗三村、电机五村等十个社区卫生服务站点，为 300 余名老年人讲述了包括高血压、脑卒中、冠心病、骨质疏松、肾病综合征等 12 种老年常见疾病的预防及护理知识。我与护理部胡惠芳主任一起来到了合生城邦二居委，刚到会场，我们就被现场的居民团团围住，大家迫不及待地咨询着相关疾病的保健知识，我们一边仔细聆听大家的叙述，一边耐心解答大家的疑问，随后我们两人分别就老年患者常见的《高血压患者的用药指导》《脑血管疾病的预防与保健》进行了专题讲座，讲座内容符合社区老年人的健康需求，获得了在场老年人的一致好评与肯定。

通过这次深入社区开展科普讲座，我也更真切地认识到老年人的健康现状，感受到老年人对于慢性疾病知识的迫切需求。看到活动现场居民们热烈的反响，也给予我无限的鼓励与信心，我会义无反顾、再接再厉继续做好下一次科普活动。为社区老年人的健康做出更大的贡献。

真情付出

作者：姗姗

作为一名南丁格尔志愿者，我有幸参加了志愿者下社区活动。那天虽然天气很热，但当我穿上白大衣和志愿者的披肩，为社区的老

人测量第一个血压开始，一直到老人们满意地离开，感觉内心比天气更热。从老人们的口中听到每一声的感谢，我能够感受到一切的辛苦都是值得的。豆大的汗珠，从额头滴落，蚊虫叮咬后的奇痒难忍，这一切的一切只是因为一种信念："不是所有的事情都是能用金钱来衡量的"。虽然没有金钱的回报，但是老人们每一张笑脸，就是最好的回报。那是人与人之间情感的交流。

作为一名志愿者，我还参加了急诊补液室的帮班活动，不图回报，只愿帮助我的姐妹。她们每天战斗在护理工作的最前沿，看到她们来回奔忙的身影，我偶尔一次的付出又有什么呢？

现在离迎世博还有 260 天，每天都有无数的志愿者参与志愿活动。我立足本职工作，加入南丁格尔志愿者队伍，尽自己的努力帮助我的姐妹，帮助我周围的人，也是为世博做出一份贡献，添上我的一份绵薄之力，为上海的明天更美丽而奉献力量。

担 忧

作者：张媛

今天，我们一行 4 人来到了一个小区参加科普活动，我们的任务是为居民测量血压。结束后一看那张登记的表格，还真把我吓了一跳，正常血压值的只有那么几个人，与高血压患者相比显得异常珍贵。很难想象，我们国家会有那么多的高血压患者，这种病如一种慢性毒药一样，会慢慢腐蚀人类的健康，直至死亡！

我的爸爸和外公都是高血压患者，帮他们测血压时，看着那些忽高忽低的数值，心也会跟着起伏，可是他们并不在意，总是会偷偷地抽烟喝酒，就像今天遇到的一位老伯伯，来测血压时都是醉醺醺的，酒喝多了，血压也升高了，达到了 150 mmHg/90 mmHg，我嘱咐他一定要到医院就诊。希望我们的科普活动，能让更多的居民重视自己的健康。

沟通无极限

作者：永芬

我院于 11 月 6 日开展双休日科普进社区活动，院内中医专家一名、护理人员 3 名在当日上午 9：00 到达马桥镇元吉社区内进行社区医疗服务及咨询工作。

由于季节的变化，为居民测血压时，有些村民着装较厚，需让居民脱去一侧衣袖，偶尔会遇到拒绝，我们就耐心地解释原因并热情地讲解。测血压前我们仔细询问村民 30 分钟前是否有剧烈活动以确保血压的准确性，让急于赶来的村民休息一下再进行测量。询问现有高血压及以前有无高血压？是怎样控制的？效果怎样？若是血压控制不理想，我们就引导村民去医院就诊，做 B 超或心电图进一步检查。

113

通过这次社区活动,对高血压人群有了明确的认识。有高血压病史的一般为中老年人,较少数青年人血压偏低,血压高的村民均服降压药来控制血压。本次活动使我体会到目前高血压是一种常见病。一旦确诊,就应当认真对待,我们告知患有高血压村民有关高血压病的知识,发放有关书籍,告知村民合理安排生活,注意劳逸结合,定期测量血压。高血压需坚持长期监测治疗和保健护理。保持血压接近正常范围,防止对脏器的进一步损害。不要随意加药或者停用药物,提高社会适应能力,维持身体平衡,避免各种不良刺激的影响,注意饮食控制及调节,适当参加活动,定期随访。如血压持续升高并出现头晕、头痛等症状要及时就医,并建议有高血压病家庭需要备有一台水银测压计,才能测量准确。在欢快的氛围中结束了本次活动,村民留下满意笑容。

尽一份绵薄之力

作者:建歌

国庆和重阳节很难得的可以在差不多的时间遇到,医院与华宁路地铁站办了一个敬老爱老的活动,帮助老年人了解自身情况,为他们免费测血压,提供一些基本的医疗咨询。

义诊活动形成了一道风景线,前来就诊的老人非常积极地把我们围住了。我们一方面为他们测血压,一方面耐心细致地解答咨询老人提出的各种问题。同时,还向他们派发医院的就诊时间表格,积极向他们普及健康知识,介绍我们医院的基本情况、特色专科及专科专家等,在我们的热情努力下,我们接待了许许多多的老人。

　　此次活动的目的在于了解老人潜在疾病隐患,强化卫生意识,还可以提升我们医院的形象,取得更好的成绩。老人们都很喜欢这个活动。他们在好几天前就听说了,一大早就从家赶过来等我们的到来,其实还是很感动的。

　　在义诊的过程中,还是不能满足老人的全部要求,因为自己知识可能不够扎实,对他们提出的问题不能全面地告诉他们,所以自己也更应该巩固知识,继续为自己补充更多疾病知识,能够更加准确切实地为他们服务。医生就非常的专业,内外科各一名医生,患者对他们相当的满意,对我们都表示感谢。我们医院也与华宁路地铁站签订了协议,以后可以继续为大家服务。不论哪个阶段的人群,都需每年进行一次全面的身体检查,才能更好地了解自己的身体状况。此次义诊虽然时间不长,但还是帮助了许多老人。如果可以多举办几次此类活动,相信对他们有更大的帮助,作为医护人员,我们应该将爱心与善意传递下去。

　　今后,我会更加积极地参加这项有意义的活动。为更多需要帮助的人贡献一己之力,充分发挥我的一技之长,使大家拥有良好的健康状况及心理健康状态,普及基本的医疗知识。让疾病早发现、早预

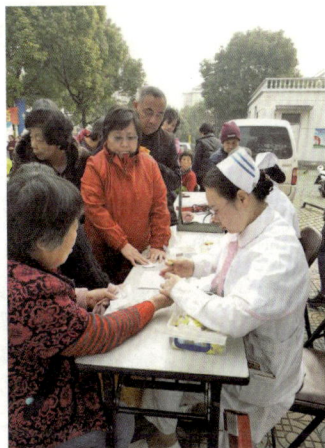

防、早治疗。我们付出爱心，收获喜悦，更加知道沟通的重要性，以后在临床工作中也能更得心应手了。

活动已经结束有一段时间，但还是很希望再次参加，尊老重老继续发扬，我也会更加努力，可以在下次这项活动中表现得更好。

自 豪

作者：雯雯

今天上午我参加了一项志愿者活动，去社区给居民量血压和测血糖。我觉得这是一件很有意义的事情。因为现阶段国情的原因，很难满足所有居民一年一次的全身体检，很多人也许有慢性病，但由于症状较轻没有察觉，或被忽视就没有办法早发现、早治疗。所以，我们南丁格尔志愿者主动进入社区宣传医疗知识，普及慢性病的相关护理是一件很重要的事情。

早上来到社区，大家简单搭建了场地，一上午的活动就拉开了帷幕。从刚开始零零散散的人到络绎不绝，居民都来了。有好多老人的血压都达到140 mmHg/90 mmHg 的临界值。有位老伯伯的血压达到了160 mmHg/90 mmHg，但他自己都没有什么感觉，后来让他休息一

下再复测，数值为 150 mmHg/90 mmHg。有的人会比较在意结果，你告诉他量出来的结果正常他就很高兴，偏高或偏低就会对结果有所怀疑，非得再测量一次。也有的人很担心自己的状态，一直问要不要打针吃药之类的话。志愿者们也会对他们进行健康教育，教会他们正确的饮食和活动，养成良好的生活作息习惯。

经过一上午的时间，我们的战绩不错，3 盒血糖试纸都测完了。经过这次活动，我相信居民朋友们对高血压和糖尿病的关注会有所提升。我从中也学到了很多知识，可以用自己的力量帮助别人，我觉得自己很棒！

节能我行动，低碳新生活

作者：玲玉

夏日雨后的早晨，我们在马主任的带领下，怀着无比洒脱的心情来到了马桥镇，进行一次义务宣传。

节能低碳是一种时尚，正逐渐影响着我们，关系着我们的健康生活。随着生活水平的不断提高，都市人开始寻找更健康、节能、低碳的生活方式，回归自然。社会的进步、科技的发展为我们的生活带来了极大的方便与快乐，而各种原因引起的大气污染也在严重影响着人们的身心健康。

我们微笑着接待前来测血压，咨询问题的村民们。我们做了关于饮食宣教、正确活动等宣传视频，将健康的生活方式展示在村民的眼前，并且发放健康教育小册子给需要的村民。

117

通过这次活动,让村民们初步认识了低碳生活的重要性。绿色是我们带给马桥镇人民的一种生活态度。心中充满阳光,世界必将一片光明!

会心的笑容

作者:蕾蕾

在这信息技术迅速发展的当下,人们的生活节奏也不断地加快,年轻人的工作压力也在持续增加。随着社会老龄化,社区服务备受各界人士的关注,为此我院于 2011 年 6 月 12 日组织节能低碳科普宣教进社区。我院派出 1 名中医科主任,3 名南丁格尔志愿者前往马桥镇节能低碳科普宣教进社区现场。当天居民有序排队,耐心等候,我们在经过他们的身边时,听到很多人在说这是市五医院的志愿者,这时心里感觉很舒服,美美的。紧接着我们开始进行服务的展开,王主任耐心地为每位咨询者解答疑问。我们 3 名护士怀着一颗为他人服务的热心为社区成员测血压,在测血压过程中发现 60 岁左右及以上的人群中高血压症状很普遍,但他们可在药物的治疗下维持较正常的血压水平,测血压结束后,我们针对高血压人群做了专门的健康指导,如①首先治疗高血压应该坚持信心、决心、恒心,要定期测量、定时服药;②要控制能量的摄入,限制脂肪的摄入量,适量摄入蛋白质;③多吃含钾丰富而含钠适量或低的食品;④运动不易过量或太强、太累。居民在我们的细心指导后基本认同,对我们的服务报以满意的笑容,我们也开心地笑了。

通过这次活动，让我看到了自己的价值所在，作为一名青年志愿者，一名护士能为他人奉献自己的爱心是我们的初衷。

总之，医院社区服务关系到每个人的生老病死及防治疾病，可以提高人们的健康水平，也是我们当今建设和谐社会的重要内容，提倡能有更多的社会服务活动，希望能有更多的机会参加这样的活动。

美好的开始

作者：岚岚

2010 年 11 月 6 日上午9：00，我作为南丁格尔志愿护理服务分队市五医院小分队中的一员，与另外两名我们五院的南丁格尔志愿者和医生一起，来到了马桥镇元吉社区，参加双休日科普进社区活动。

第一次参加这样的活动，有些紧张，更多的是兴奋。想到自己可以以一名志愿者的身份为群众服务，觉得特别开心，尤其是穿上医院里志愿者的粉白色披肩时，让我们更加有一份神圣感，光荣感。

医院送我们到社区的车一停下，我们就看到有许多人已经等在那里，相关的工作人员也准备好了桌椅。一下车，我们便投入到活动中去，我们的中医专家为人们解答各种问题，而我们 3 人就开始为大家量血压。深知我们在外，不仅代表了五院的形象，也代表了南丁格尔志愿者的形象，我们仨都很认真地投入到此次活动当中。测量血压的同时与社区居民交流，比如告诉他们长期服药的人要按时吃药，定时测量血压等。对于平时不测量血压，但首次血压增高的居民，也会告诉他们要去医院进行门诊随访，最好让医生确诊一下有没有高血压……有的人平时不测量血压，也不知道血压的正常范围，我们便会告诉他们血压的正常范围，他的血压处于什么情况。而且血压也是因人而异的，如果出现头晕不适的症状等，最好也要定期测量血压。

社区的居民也都很热情，同时也很有秩序地排队在这里测量血压及咨询问题。而在这附近，也有科普版面的展示，向大家宣传相关的知识。也有工作人员为大家发放科普资料，我看到每个人手里都拿了大大小小几本宣传册子，而且脸上都洋溢着笑容，相信他们从这次活动中也收获了不少吧！

此次活动中，我也收获、成长了不少，也明白自己作为一名护理人员，还有许多知识需要补充，这样才能更好地为群众服务。在以后的工作中，会不断提升自己的能力，也希望有更多的机会参与南丁格尔志愿者护理活动，为社会贡献自己的光和热！

坚定的信守

作者：伶俐

阳春三月，"雷锋精神"的风吹暖了大江南北，2012 年 3 月 3 日上午，上海市第五人民医院护理部南丁格尔志愿者小队进行"学雷锋，送温暖"便民服务活动。

在现场，护理人员与群众亲切交谈，详细询问了他们的身体情况，并进行了测量血压,测量血糖,现场发放健康资料手册等活动,发现有异常血压血糖的人民群众,及时为他们讲解注意事项,指导他们如何培养健康的生活习惯。

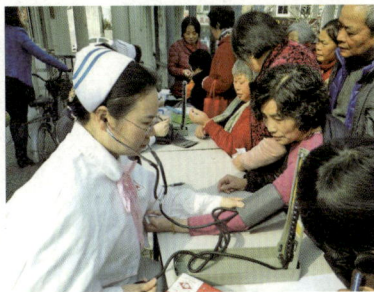

一个上午的便民服务,我们南丁格尔志愿者共测量血压 150 人次,测量血糖 100 人次,发放健康教育手册 40 余册,为群众提供免费的资讯和服务,使群众感受到了白衣天使传承志愿者精神的阵阵暖流。活动中志愿者们以实际行动秉承志愿者精神,受到了群众的广泛好评。

奉献中感受快乐

作者:苗苗

金秋十月,我们一行 5 人,分别是老年科医生 1 名,中医科医生 1 名,普外科医生 1 名,护理部护士 2 名,组成志愿者服务小队,参加了设在马桥镇的夏朵居委的"科普进社区"活动。

10月13日是双休日,居民们来参加活动的人很多,我们不但为现场的居民免费测血压,还提供疾病的义诊,健康咨询并发放科普生活常识宣传手册。现场各项活动都得到群众的积极参与,活动场面非常火爆。此次活动受到群众的热烈欢迎,纷纷赞扬此次科普活动,使他们了解了自己的身体状况,以便更加健康地生活。

通过此次活动,我感悟了许多,无论人生观还是价值观都感受到当一名志愿者的平凡和伟大,将自己的一份爱与温馨奉献给身边需要的人是最快乐的白衣天使。

健康理念带回家

作者:蓓蓓

2014年10月16日,我们一行5人,由来自老年科医生1名,中医科医生1名,普外科医生1名,护理部护士2名,参加了设在马桥镇的夏朵小区为居民量血压活动。我们到那里时居委会就把场地设备摆放齐全,小区的广场上来了很多人,我们把设备拿出来准备今天的义诊活动。

今天来测血压的居民很多,无论是老人还是中青年都来测血压。看来大家对血压的自我管理概念还是蛮强的。我们为居民测血压后都会为他们记录血压值,如果有异常我们也会提醒他们不要忘记定期测血压。

在这次活动中,我也发现现在生活条件改善了,很多居民家中也备有电子血压计,但是电子血压计存在一定偏差,测值会稍微高一点。传统血压计更加精准，所以这种活动定期举办是必要的。这样能方便年老、行动不便的居民，也能准确地测量血压，让居民对自己的血压情况有更多的了解，同时这样的活动会激起群众自我管理的概念，很有意义。

平凡中演绎着不平凡

作者：凤凤

2014 年 1 月 4 日，在医院领导的组织下，由胸外科医生带领我参加了江川街道居委的志愿者社区服务活动。

我们为来自江川街道的 60 名居民进行了乳房健康的知识讲解；并由专科医生为她们进行乳房检查；教会她们做乳房自查。居民们对我们志愿者服务非常满意，"谢谢！""你们要常来！"听着居民们的话语，我为自己是南丁格尔志愿者而自豪，希望能有更多的医务工作者充分发扬红十字"互助、进步、博爱、奉献"的精神，为居民们解决更多疑难，服务社会。

通过这次活动，我对"为他人服务，无私奉献燃烧自己，照亮他人"有了新的理解。在今后的工作中，我要用自己的行动承诺誓言，用自己的真情感动身边的人，用自己所学知识帮助需要帮助的人，用双手为社会、为人民奉献自己一份微薄的力量，展现南丁格尔志愿者的风采。

因为奉献，所以快乐

作者：宇宏

2014 年 8 月 27 日在护理部安排下作为南丁格尔志愿者，董桂琴护士长、黄辉和我利用自己的业余时间参加了双休日科普进社区活动。

当日结束本职工作后我们 3 人匆匆吃完饭，即刻到了活动现场——江川路街道红四居委，开展护理相关的科普宣教活动。虽然活动还未开始，可是现场早已挤满了前来咨询的居民，我们也立刻投入到了现场热情积极的咨询活动中。一天的工作疲劳早已不翼而飞，从我们的专业出发，为他们做一些平日生活中最基本也最容易忽视的护理健康咨询及一些防暑降温的家庭护理用药指导。虽然天气非常炎热，现场环境也并不理想，但我们克服了种种困难，在一个小时活动中，我们先后为居民测量血压，倾听他们的疑问并解答问题。做针对性保健指导并发放一些宣传手册，活动得到社区居民热烈欢迎。

虽然活动后，我们每个人都汗流浃背，口干舌燥，但大家脸上始终洋溢着快乐的笑容，因为我们都是志愿者。作为志愿者，这是我们应尽的义务，也体会到志愿服务的意义"我奉献我快乐"。

爱心接力棒

作者：华华

2015 年 10 月 30 日，非常有幸能作为一名志愿者，为 22 名来自

不同专业且富有爱心的忠于志
愿者事业的各个年龄层的人士
进行培训。

心肺复苏术的课程是我作
为一名护士以来一直希望到社
区去普及的课程，并在参加南丁
格尔志愿者救护师资培训后更
加的强烈，今天终于跨出了这一步。

当我以南丁格尔志愿者的身份站在同济大学的讲台，将我所掌
握的急救知识讲解给热衷于急救工作的爱心人士时，当我看到他们
为了掌握这项技能而一遍遍练习，那样专注，那样认真，一丝不苟时，
心中涌动的是那份自豪和感动。当他们通过我们传授的知识再去传
给一批又一批爱心人士，可以想象，如果我们身边的每个人都会基本
的急救知识和技能，我国的急救成功率会提高多少，又将有多少人可
以通过这样的爱心接力而获救！

当我们听到感谢和赞美时，我心中所想的是：努力做好自己的
爱心接力，如果有需要，任何时候我都将投入到这样有意义的工作
中去。

润物细无声

作者：燕燕

2012 年 3 月 23 日，天气晴朗，我参加了第二届上海市民文化
节——社区文化服务日"文化惠民在江川"义诊活动。

那天，我们上午准备好物品，来到义诊的地点。只见江川文化馆
门口彩旗飘飘，人头攒动。一张铺着白布的长桌映入眼帘。我们把

准备物品有序地放在长桌上，穿上白大褂，就开始义诊。刚准备好，就有好多老阿姨、伯伯们排起队来测量血压，时不时进行交流咨询，我们也给予及时的回答，解决问题。

在阵阵柔和的春风中，上午的时间一瞬间过去。忙忙碌碌中我们结束了上午的活动，看着义诊的同事们认认真真回答患者的问题，给他们解惑，看着他们高兴离开，我们心里也像春风一样暖暖柔和着。

福 音

作者：莺莺

金秋十月，我们迎来了新一批的南丁格尔志愿服务，这次服务的内容是为街道有糖尿病史的老年居民做糖尿病足病的控制和筛查。糖尿病足病可引起糖尿病患者肢体残疾甚至截肢，所以对糖尿病患者来说，定期的足部检查，及早发现，尽早治疗是至关重要的。

2010年10月10日一早，我们南丁格尔志愿者服务队早早来到了江川街道居委会，将物品一一准备就绪，8:00左右社区老人就陆陆续续来到居委会，我们首先让老人们填写一份资料，对于那些视力

不好或者文盲的老人，我们的志愿者不厌其烦地逐条进行讲解，并协助填写，而后又安排老人们进行了多项监测，主要有测血糖、测腹围、测脂肪厚度、足部血管的检查、足部压力的检测及足部感觉的测定。各项检查完毕后，我们还为老人们进行如何预防糖尿病足病的健康指导，并发放了一些相关的健康教育手册。

忙碌了一天，我们的服务得到了社区居民的肯定和好评，从他们开始的"不知道呀！要这样的吗？"到"噢，我知道了，我以后会注意的，谢谢！"。我们的各位志愿者感到自己所做的事情是如此有意义，我们也会把这种关爱精神一直传递下去！

学 无 止 境

作者：芳芳

2010 年 11 月 12 日我有幸作为一名志愿者参与五院慢病护理小组，和护士长一起到碧江居委为老年居民普及老年骨质疏松的护理知识。居委干部对五院的护理人员上门授课的行为深表认同。

　　在居委会我了解到原来老年人的退休生活也可以这么丰富多彩的,居委会开设了各种学习班,供他们参与学习。这些老年人也都很好学,对自己的健康也非常关注,我们带去的宣传手册供不应求,转眼间就分发完毕。讲课过程中他们认真听讲,课后积极提出相关问题。

　　通过这次讲课让我深深觉得,虽然讲课对象是老年人,但他们认真听课的态度及他们对新知识的渴求是值得我们学习的。他们时刻督促着我们要认真对待每一次讲课,认真备课,努力准备以最佳的状态去为老人们授课,跟他们交流。只有这样才能无愧于老人对我们的信任,让讲课变得生动,听者容易理解。

快乐服务,无私奉献

作者: 敏敏

　　2015 年 11 月 12 日上午,我们上海市第五人民医院南丁格尔志愿者又出发了——社区老年慢病科普知识宣传讲座。此次活动也获得了院办、科教科、护理部及江川街道社区卫生服务中心大力支持。

　　我们 20 名南丁格尔志愿者,2 人一队,分成十个小分队,分别到达红旗六村、红旗三村、电机五村等十个社区卫生服务站点,为 300 余名老年人讲述了包括高血压、脑卒中、冠心病、骨质疏松、肾病综合征等 12 种老年常见疾病的预防及护理知识。

　　作为其中一员我与神经外科护士长李孙美一起来到了香樟家园

昆阳社区活动中心，首先为大家进行了《高血压降压药达标》《脑卒中的防治》的科普讲座。居民们认真聆听，细细体会，由于讲座内容贴近生活，符合社区老年人的健康需求，获得了在场居民们的一致好评与肯定。随后我们与居民们进行了面对面沟通与咨询，并为大家赠送了科普讲座资料与书籍，活动也在热烈的气氛中落下了帷幕。

通过这次深入社区一线进行科普讲座，我感受到居民们对于慢性疾病知识的急切需求。我也会义无反顾利用自己的专业知识为社区老年人的健康奉献自己一分力量。

知 易 行 难

作者：倩倩

2015 年 11 月 12 日，在护理部各位主任的领导下，五院南丁格尔志愿者小分队在老闵行地区向各大社区居民送福利，有幸我与李煜珍护士长也参加了此次活动。我们来到了红旗三居委，活动的内容主要分为两大部分，首先由我们医护人员向居民同志们讲解了脑梗死疾病的相关知识及偏瘫患者的居家功能锻炼方法，其次是有针对性地对居民提出的问题进行现场解答。本次活动得到了居委会的大力支持，同时也受到了居民朋友们的一致好评与

欢迎。

经过此次活动，让人倍感欣慰的是当代老年人们对自身的健康极为关注，但甚为遗憾的是他们面对琳琅满目的保健知识，无法正确地甄选，而盲目的全盘照抄。记得在活动中我遇到一位阿姨，她告诉我她什么肉都不吃，我当时很是吃惊，问其原因是网上说了老年人吃肉会使血脂升高，容易发生脑血管疾病。

真心希望能在政府的支持下，医院能够经常组织这样的活动，向居民们传授一些最基本也是最简单的预防保健知识，能够真真切切地将一级预防落到实处，同时也为医护人员提供一个平台，一个可以充分发挥自己锻炼自己的平台。

知 信 行

作者：蓉蓉

我很荣幸成为"老年慢性护理知识科普工作坊"的成员之一。在 2015 年 11 月 12 日，怀着激动和自豪的心情，我与内分泌科护士长张蕾共同赶赴"香樟花园"鹤庆点进行相关糖尿病知识的宣传与传播。

在工作人员热情的接待与安排下，我们在会议室开始了《糖尿病足的保健》与《糖尿病患者自我监测》的讲课。宽大的会议室坐满了热情的社区居民，在现场我们以 PPT 授课、现场答疑及动手自己测血糖的方式来强化授课效果，宣传健康知识。内容丰富的保健知识得到了居民们一致的好评。

活动结束后居民们纷纷表示，这种活动可以使群众掌握一些相关的保健知识，提高居民预防疾病的能力，对保持身体健康起了很大的帮助，并热切地希望我们与社区紧密合作经常举办类似的知识讲座。

粉红丝带飘起来

作者：永平

为了让社区居民早点了解自己的身体健康状况，2014 年 12 月 14 日在普外科史主任的带领下，我们来到了红旗五村为这里的居民进行体检。

早晨 9：00 活动准时开始。现场聚集了很多居民，志愿者和专家医生很快就忙碌了起来，利用所学的知识，服务社会，将理论与实践相结合为市民免费开展知识讲座，健康保健服务，采用一般资料问卷，并制作科普宣传片，视频播放等形式，教会居民如何正确进行乳房自查。乳腺专科教授亲自为居民进行B超检查，让居民真正接受到免费高质量的服务，得到了当地居民的一致好评。

我很荣幸能够参加这次志愿者活动，我觉得自己做了一件非常有意义的事情：让居民通过志愿者的服务感受到南丁格尔天使般的温暖，真正为老百姓做实事，做好事，真正发挥护理人员的长处，为居民的就诊提供便利，为居民的健康保驾护航。

肾 利 益 生

作者：莹莹

2015年11月12日，我院老年慢病护理知识科普工作坊分成10个小组，来到社区为广大居民进行健康宣教。我们肾脏内科委派冯学英、我、护理研究员小崔一行三人，来到了电机五村居民委员会。接待我们的老师很是热情，刚到会议室，那里已经有十几位伯伯、阿姨满脸期盼地等候着。

活动中，我们轮流向广大居民讲述肾脏科常见疾病的临床表现，饮食活动中的注意事项等等。老人们听得非常认真，还时不时地讨论一番，有的根据自身情况做了对比、提问，我们都一一给予解答。我们以声情并茂，通俗易懂的语言，以及耐心仔细的服务态度，得到了老年人及居委会的一致好评，活动结束时还特别邀请我们下次再来。

　　居民的需求，是我们不断前进的动力。通过这次活动让我感受到老年人的健康意识在不断提高，他们渴望得到专业人士为他们指点迷津，我们也非常愿意在他们的健康方面献自己的一分力量。最后希望越来越多的人能够关爱生命，关爱健康！

感　悟

作者：静静

　　2012 年 4 月 8 日，作为一名南丁格尔志愿护理服务队市五医院小分队的普通成员，我代表第二小分队下社区服务广大社区居民。

　　我与 2 位护士，1 名医生去电机一里委义务为居民测血压，健康咨询，这些老年居民们非常淳朴，热心地为我们抬桌子，搬凳子，端茶送水并再三感谢。

　　短短的一个小时，我们为 15 名居民提供了现场咨询，讲解了高血压，糖尿病的健康知识，用药活动饮食指导，并为他们测量血压，对血压高的居民提出了治疗，护理的要点。得到了广大居民的一致称赞。

　　作为一名普通的志愿者，更要把奉献，无私博爱作为自己的服务理念。只有本着一颗无私的心才能为社区居民服务。

爱 与 奉 献

作者： 新慧

今天在杨老师及护理部各位老师的带领下，我参加了闵行区图书馆内举办的慢病健康教育讲座，让我受益匪浅。

通过此次活动，让我看到健康教育在老龄化社会中的重要意义。对患者一次次地讲解，与患者一次次地交流，我发现老人对于自身疾病的知识有极大的渴望与需求，同时这种活动也有助于我们自身能力的提高。所以，举办这样的活动意义重大，也希望以后可以有更多的机会参加这样有意义的活动，帮助老人们更好地了解自身的健康状况。

（三）学校篇（真情关爱，伴你成长）

救护知识校园行

作者：姗姗

2012 年 5 月 16 日的下午，我们南丁格尔小分队来到了闵行电机学院，和同学们一起学习了心肺复苏相关知识。同学们认真的学习态度，勇于实践的精神，使此次活动更具意义，同时也普及了急救知识。

首先，我们对同学们进行了心肺复苏理论知识的学习，以PPT 的方式，图文并茂，让同学们形象、直观地了解心肺复苏知识。同学们对一些新颖的手法，积极提问、咨询。另外，在心肺复苏的实操时间，同学们非常感兴趣，亲身体验了一位救护者的职责。整个实操阶段，同学们都十分认真积极地练习，也取得了良好的效果。

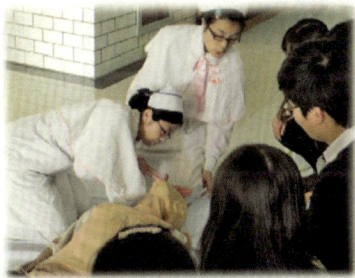

希望我们此次活动能带给更多人急救知识，为别人奉献一份爱心。当别人需要时能积极给予帮助，提高大家急救知识水平。

135

大手拉小手

作者：红燕

2012年12月1日，我院林文、姜红燕、张蕾、华祎、李煜珍、蒋慧萍、顾敏媛、贺晓敏等8位志愿者共同来到七宝幼儿园，开展了一次有意义的志愿者活动。

下午14：20，正好是小朋友们午睡起床的时间，我们志愿者2人一队，进入"海豚"班、"海狮"班、"海螺"班等各个班级，进行"洗手"教育，我们带着洗手液唱着洗手歌，高兴地和小朋友们互动，大家的兴致都非常的高，虽然只有短暂的半个小时，但活动非常成功。最后，我们还进行了赠书活动，由南丁格尔志愿者上海队队长朱瑞雯老师代表志愿者向幼儿园赠书《每人应该养成的99个好习惯》，此书由我院护理部主任杨青敏主编。此次活动得到了幼儿园老师的一致好评。老师们希望我们能够经常深入幼儿园，教导小朋友们，志愿者活动本身就是一种很好的教育方式。

虽然我们牺牲了自己的业余时间，但我们感到由衷的高兴。

我们是志愿者！我们高兴！我们快乐！

找寻心灵的钥匙

作者：红燕

2013年8月9日，我和戴莉、方俭一行3人来到好菱幼儿园参加"小雨人"志愿活动，活动的主题是帮助看护自闭症的学龄前儿童，并和其交流沟通，进行互动。

当我看到这些自闭症儿童时，怜悯之心油然而生，和同年龄段的儿童相比，他们只是生活在自己的角色里。当和他们交流时，他们往往无法理解而自顾自地玩耍。这些孩子需要更多的关怀和照顾。在活动中，有给孩子们的音乐评估，每个孩子都需要一对一的看护，这些孩子往往很顽皮，上课的时候还会东奔西跑，不听老师的话。听幼儿园的老师讲述，患自闭症的儿童在上海被诊断的就有1万多名，而只有好菱幼儿园专收自闭症儿童，还有很多孩子需要更多的社会力量来照顾。希望他们能早日康复。

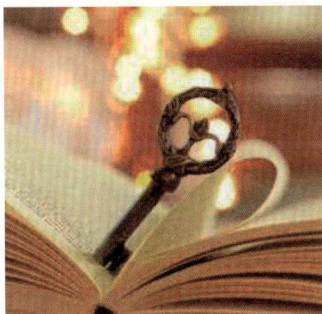

无声的关爱

作者：戴莉

2013年8月，我通过闵行区志愿者中心接到了小雨人志愿者活动的邀请，医院也十分支持我们参与这样有意义的活动。

在一个炎热的下午，我参加了此次志愿者活动的岗前培训。走

进幼儿园我看到的是一个和普通幼儿园没有区别的教学园区，矮矮的楼梯，各种好玩的玩具，远远地看到有家长带着孩子玩耍。在培训会议室，我们看到有位 10 岁左右的男孩在台面摆弄计算机，而后在培训中，我们才知道这位小男孩也是一名"小雨人"，也就是自闭症的患者，外表与常人无异。给我们做培训的老师也是一名志愿者，他告诉我们小雨人是怎样的一个团体，他们需要帮助，需要理解。自闭症并不是精神疾病，而是在基因方面有缺陷。这个学校主要对学龄前的自闭症患儿通过一系列的训练，让这些孩子能接近正常儿童，融入社会，而志愿者则是帮助这些孩子去执行老师的命令，引导他们完成任务。看着这些孩子，如果不和他们接触，你不会发现他们有自闭症，他们的自理能力明显低于同龄人，而且惧怕陌生人。他们对别人的情绪很敏感，志愿者要做到耐心充满爱心的去关怀他们。

这是被很多人误解和歧视的群体，他们需要更多的志愿者去帮助她们，他们需要更多的爱心和关心，更多的理解和帮助。让我们一起来关爱这群落入凡尘的天使们吧。

爱之初体验

作者：春婷

我国古人告诫我们"勿以善小而不为"，而我们就是要从小事做起，做到小事时时为，大事集体为。

2015年10月30日，22名志愿者与工作人员在同济医学院举行唯爱天使义工联盟志愿者导师培训活动，在这里非常高兴能有机会认识这么多热衷于志愿者事业的人，更高兴自己能以导师的身份培训志愿者。

第一节课的操作培训课还是让我有些紧张，因为大多数的志愿者都是医学界的老师和学生骨干，我对自己没有信心。可是课堂上志愿者们积极主动，跃跃欲试，完全以志愿者的身份对待这次培训，让我感到无比欣慰，同时增加了我的动力和信心。

"尊老"是中华民族的传统美德，我们有责任和义务发扬这一美德，为他们晚年孤寂的精神世界献上一份关爱。我们下午前往养老院，养老院的院长很热情地接待了我们。院长告诉我们其实老人并不需要很多，他们要的只是一句亲切的问候，一个温暖的拥抱。我们通过自己的一份努力给老人带去关爱、欢乐，希望更多的人传递这根爱的接力棒。

五、回报社会（大疆有域，爱心无限）

139

（四）参会篇（播洒爱心，成就未来）

护理部出席"2008年南丁格尔护理高峰论坛"简讯

作者：青敏

2008年10月21日至10月24日，我们南丁格尔志愿者总队4名志愿者受邀赴北京参加了由加拿大安大略省护士专业协会与中国医院协会共同主办"2008年南丁格尔护理高峰论坛"。作为中方发言嘉宾之一在论坛主会场做闭幕演讲。另2位志愿者分别就各自的专科议题在论坛分会场做了发言。

此次高峰论坛吸引了近200余名中外护理人员的参与，构建了以壁报展示、主论坛发言、分会场讨论等为主的各种形式的交流平台，使各国与会嘉宾都能在论坛中畅谈己见、沟通无限。我院南丁格尔志愿者积极

参与此次盛会，与来自世界各国的志愿者们一起探讨护理事业发展面临的问题、畅想护理事业发展的未来，共谋护理事业发展的良策，永远不懈的努力投身于南丁格尔志愿服务工作中。

饕 餮 盛 宴

作者：孙美

本着"推动专科发展，提升护理品质"的主题，上海市护理学会于 2014 年 9 月 26 日～29 日在上海国际会议中心隆重举办了"第二届上海国际护理大会暨护理技术与用品展示会"。本次会议我很荣幸以 3 个身份参加，一是护理器具创新展的参赛者，二是本次国际护理大会的志愿者，三是本次国际护理大会的参会者。

大会由上海 20 家医院和 3 家护理学会共同创办，同时得到了华东护理学会和我国港，澳,台地区学术团体的积极协助，也获得中华护理学会、世界健康基金会、上海市医事团体联合管理办公室、上海国际医学交流中心的大力支持。多方联手，设立了 18 个论坛，举办了护理技术和用品展示，护理器具创新展，护理专业图书展，优秀论文评审等多项学术活动。

护理学会通过广泛征集，收到来自全国包括台湾地区申报的护理器具创新作品 160 项，经专家评审，77 项创新项目脱颖而出，内容涉及基础护理,疾病(专科)护理,护理管理等多个护理领域。

在护理器具的创新中，护理同行们以解决临床问题为切入点，实用性突出，体现了护理人员的睿智和专业价值，彰显了护理人员的创新精神。借助大会的交流平台，让更多的护理同行们有机会了解实用性创新成功，获得启迪；让更多的护理产品被生产企业认识，评定这些护理器具专利的市场推广价值；为发明人创造成果转化机会，由

141

使用价值的"作品"成为"产品",使更多的患者受益。

书是人类知识的重要载体,专业图书是护理人员吸取专业知识的不可或缺的重要源泉。本届国际护理大会的护理专业书展,为参会同行奉献了一场护理专业文献的"盛宴"。

此届国际护理大会的各项学术活动中,护理界的专家,老师与同行们进行了护理思想的沟通,激荡出智慧的火花,从中了解信息,拓展视野,结交新朋友,建立新合作。

"护理,让人类更健康!"
——参加上海国际护理大会有感

作者: 青敏

2009 年 11 月 17 日至 20 日,上海国际护理大会在上海国际会议中心隆重召开。此次由上海市护理学会主办,华东六省护理学会、上海数十家医院与院校、美国密西根大学护理学院共同协作的护理界盛会,也得到了上海市科学技术学会、世界健康基金会、上海市医学会大力支持,来自国内和美国、新加坡、法国、日本、德国等 16 个国家的著名专家与护理代表 1 300 余名汇聚一堂,围绕着"护理,让人类更健康!"这一主题共同研讨当今世界护理学科的新发展。

会议期间,聆听专家演讲,学习最新的护理理念和动态。11 月 18 日举办了隆重的开幕式,由上海护理学会副理事长、秘书长徐筱萍主持,中华护理学会、上海市科学技术学会、上海市卫计委主要领导分别致辞,由上海护理学会理事长翁素贞宣布上海国际护理大会开幕。开幕当日的晚宴上,来自交大、二军大、复旦系统的护士姐妹们表演了精彩的文艺演出,展现了护士多姿的风采,其中我院护士志愿者表演的舞蹈"和谐中国"给与会者留下了深刻的印象,赢得了赞扬的掌声。

在4天的会议中,共举办专题讲座21场,学术研讨报告5场,论文交流报告77个,与会代表围绕着临床护理、护理管理、护理教育、理论研究等展开讨论,其中手术室护理、伤口护理、感染控制、母婴护理、血透腹透护理、静脉治疗护理等专科被列为重要议题。来自各个国家的著名专家围绕着大会主题纵论护理领域的最新进展。会议还

举办了护理技术与产品展示会、上海护理创新成果展、上海护理摄影展和上海护理书展,其中,我院开发的舒适护理用品及护理书籍参展。会议期间,我院南丁格尔志愿者杜苗和林雯分别作为科技开发展览志愿者和英语翻译志愿者均受到会务组表扬。

此次会议通过丰富多彩的手段,多角度、全方位彰显大会的主题——护理,让人类更健康!让我们更新护理理念,拓展了护理管理思路,提升护理文化,更好地守护健康。

五、回报社会（大疆有域，爱心无限）

143

天使无国界

作者：建歌

　　我是多么地幸运能够作为上海市国际护理大会的志愿者参与如此盛大的活动，不仅提升自身的素质，获得各种难得的接人待物的锻炼机会，还在贡献自己微薄之力的同时，体现自身价值。

　　一件橘色的小上衣带来的明亮与众不同，我们活跃在会场上需要我们的每一个地方，像一道靓丽的风景线展示着上海的魅力。

　　我是一个引导员，这次会议人员众多，仅吃饭就需要二次利用酒店的所有大厅。因此，在这样的情况下，我们需要紧密布阵，每10人一桌，确保每桌都有10位学员，分工需明确，衔接环节必须紧密沟通，环环相扣。在等待第一轮进餐结束的时候，有幸遇到同学，她是作为外宾Jams的翻译参会的。Jams正好是参会的一名speaker，我们便讨论一些有趣的话题，谈到国外护理等。在第二轮进餐开始时，我幸运地与Jams一行同桌。Jams饶有兴致地邀请同桌进餐的老师们一起讨论交流，他的主动、风趣、认真给我留下了深刻的印象。不经意间，自己的英语也得到了一定程度上的锻炼，还结识了一位益友。另一位美国女士是讲授护理心理干预的，当我带她前去替换PPT的时候，交流中发现她是一位热情、有思想的博士，或许在我的学科发展与进步中，我能够向她学习、交流更多。

　　最后，我参加了大会的闭幕式的礼仪活动，才发现对于一个成功的大会，各项细节必不可少，我们应该提前有所准备、有预案，同时，在执行时有衔接。领奖人的层次和队形、人数，最好事先排练，这样才能水到渠成。但或许，因名单也是刚刚确定，很难集中所有获奖者，这对我们礼仪也是莫大的考验。

上海市国际护理大会顺利闭幕，我为会议的成功举办感到高兴。同时，因为自己的汗水、自己的努力，我们终收获喜悦！

希望护理的明天更加美好！

风 云 际 会

作者：蕾蕾

2014 年 9 月 26 日—29 日，我有幸作为一名志愿者参加了 2014 年第二届上海国际护理大会暨护理技术应用品展示会议。本次国际护理大会是经过 2009 年相隔 5 年后，在上海举办的护理界的一次盛会，会议极具学术性，有众多专科会场，尤其值得一提的是会议中设有心理会议专场，中医护理专场很有特色。作为一名内科护士，我更关心内科护理专场，专场中分享了很多关于慢性疾病（糖尿病、高血压等）管理模式、理念及技能进展，很多论文都清晰地叙述了各院护理人员可将完善的理论知识用于日常护理中，让我们直观地看到护理的效果，让我对护理发展很是自豪。在内科会场中，我听了一场关于伤口管理的护理进展，让我对目前自己所掌握的伤口管理知识有了进一步的更新。

本次国际护理大会有将近 3 000 名护理人员注册参会，而我虽然

没有机会注册，但值得庆幸的是我以一名志愿者身份自由穿梭于会场中，在为会议讲师进行服务的同时，能有机会近距离接触来自西方、中国港、台等不同地方的护理大师们，我偶遇来自中国香港的黄金月教授，她的著作《高级护理实践》是我非常崇拜的，她亲切地与我拍照留念，让我兴奋不已，来自我国台湾的伤口管理方向的医生 Dr. wound 风趣可爱但又如此的专业，让我受益匪浅。

作为志愿者，大家都带着奉献之心去积极参与，奉献有收获，收获会厚积薄发，悄然而至。但是这一次志愿者服务却如此让我出乎意料，因此，我的收获与奉献并肩而至，让我喜不胜收。

感谢本次国际护理大会，但更加感谢五院护理部，此次机会很珍贵。

星星之火，可以燎原

作者：青敏

中国南丁格尔志愿护理服务总队成立至今已有 90 年，我们的队伍在不断地壮大，我们的足迹逐渐遍布全国。总队的发展离不开各小分队的努力和支持，作为南丁格尔志愿护理服务总队副理事长，在一次次的参与各小分队组建的过程中，我的内心激动不已：新血液的注入将会促进我们更长足的发展。

2016 年，深圳第一支南丁格尔志愿者队伍成立，由王雅屏理事长和我一起参与组建，这支队伍汇集了中山大学附属第八医院，南山医院、第一人民医院的优秀护理工作者，她们用爱心、细心和专业开展志愿护理服务。紧接着深圳市第二人民医院分队成立。

广东省深圳市鹏城男护士分队也纷纷成立。此外，除了发达的中部地区，边远的西部地区也积极地参与到志愿护理服务中。2015 年新疆地区第一支南丁格尔志愿者队伍成立，该队伍由喀什地区第二人民医院的优秀护理工作者组成，我相信，这

五、回报社会（大疆有域，爱心无限）

只是开始,未来会有更多志愿者不断加入到我们的队伍中来。

"星星之火,可以燎原",新生力量的不断汇入,将给总队带来新的理念,新的发展,这将会更好地促进志愿服务的开展,健康理念的传播,促进社会和谐进步。

向获奖者致敬

作者: 青敏

南丁格尔奖,被誉为国际护理届"诺贝尔奖",获奖者均为各国优秀护理工作者,用来表彰他们平时或战时的卓越成就和献身精神。作为南丁格尔志愿者总队副理事长,我有幸参加第 45 届、46 届南丁格尔颁奖典礼,向获奖者学习。获奖者的先进事迹,生动地诠释了"人道、博爱、奉献"的红十字精神,表现出爱岗敬业、恪尽职守的优秀品质,体现出潜心钻研、精益求精的奋斗精神,展现出淡泊名利、无私奉献的崇高境界,是广大护理工作者学习的榜样。

第 46 届南丁格尔奖获得者铁血柔情提灯人——李秀华,19 岁的她开始从事护理工作,倾其一生践行"南丁格尔誓言",40 余年坚忍不拔,从普通的中专生成长为国内护理学领域鲜见的健康保健学博士,担任中华护理

学会第25届、26届理事长，她是抗击"非典"的铁血巾帼，是中国灾害护理学奠基人，是最具国际视野的坚强领导者。用爱丈量梦想——殷艳玲，白求恩医科大学"女十杰"，全国"巾帼建功"标兵，首届全国优秀护理部主任。她曾说"哪里有患者，哪里就是我的战场；哪里有需要，哪里就是我的舞台"，用爱心、耐心、细心、责任心去呵护生命、守护健康。一片冰心护理情——杨辉，"护理不是'行护'而是'心护'"是她对护士的职业态度和对工作的理解，护理要用心去做，用爱去做。心中有信仰脚下有力量——游建平，用仁心和慈悲对待患者，用勇敢和担当对待危险和灾害，用能力和水平对待专业和国际交流，凝聚爱、责任和实力。做忠诚于祖国的护理标兵——杨丽，干一行、爱一行、专一行，几十年如一日，她始终把患者放在心上，恪尽职守、竭诚服务。照亮患者康复之路——杨惠云，患者康复路上的"左膀右臂"，投身护理事业35年，始终视患者如亲人，待同事如姐妹，用热情和热爱，帮助众多患者走上康复之路。

　　高山仰止，景行行止。现场观摩南丁格尔奖颁奖典礼，奖章获得者的医风医德、对患者的无私关爱和志愿者的人道主义精神，深深地感动着我、激励着我，向获奖者致敬。

永远的尊重与敬畏

作者：青敏

　　中国护理界的泰斗、领路人——林菊英老师，长期致力于理顺护

理管理体系，健全护理教育层次和提高护理教育水准，完善干部医疗护理保障制度，多渠道地培养护理人才。为护士争取评定高级职称的权利；争取恢复高等护理教育；积极开展国际交流。

先后荣获第 32 届南丁格尔奖，美国堪萨斯大学人文学科荣誉博士称号、美国密西根州立大学荣誉博士、泰国王太后基金会颁发的"王太后基金会 2001 年度护理奖"，她将一生致力于护理事业的发展。

1999 年我在北京人民大会堂领中华护理科技进步奖，是林老先生亲自为我颁奖，我终身难忘，这次和林老师的结识让我受益终身。

算是一种崇敬和吸引吧，从 2003 年—2008 年，每年总是有难得的机会去拜访林老师，与老师的每一次见面，老师的每一次教诲，我及我的团队都铭记在心。从 2003 年开始研究舒适护理，研究科普书籍的出版，参与科普志愿者工作。至今，我们已经编写 20 余本科普著作。2008 年深秋的一天，我们团队在北京参加护理国际会议，我们再一次怀着对老师的崇敬之情，来到青年湖畔，叩响林老师家的大门。为我们开门的是林老师的儿子，林老师在屋内坐在沙发上迎接我们，看到满头银发、年过八旬患病中的林老师精神依旧，是那样的和蔼可亲。屋内的陈设简朴大方，那只是北京一个普通家庭的摆设，没有豪华的装修，没有华丽的布置。家是那样的朴实，人是那样的谦和。林老师的笑容和谆谆教导,仿佛还在眼前浮现、耳边回响。

斯人已逝,丰碑永存,中国护理界永远的失去了一位泰斗。2008年12月,林老师在北京因病去世,我们送去了五院护理人的崇敬与悼念。她的精神和教导永远激励着我们五院护理团队不断地学习、进步和发展。

后　记

　　以南丁格尔为榜样,尽己所能,帮助他人,服务社会。践行红十字人道、博爱、奉献精神,开展护理志愿服务。保护生命、维护健康、传播健康理念、促进社会和谐进步!——这是我们每一位南丁格尔志愿者加入时的庄严宣誓,也是我们每一位南丁格尔志愿者的心声。本着"我志愿,我快乐"的原则不懈地坚持做志愿者。

　　2009 年 4 月 3 日,我们的队伍——复旦大学附属上海市第五人民医院南丁格尔志愿者小分队成立了,成立至今已有 8 年,我们的队伍在发展中壮大、在培养中成长、在服务中进步。我们的队伍现共有注册志愿者 200 余名。我们秉承"我志愿,我快乐"的原则开展志愿服务,走进学校,走进养老机构,走进社区,走进工厂,走进需要我们帮助的人群中,将科普工作与志愿者工作紧密结合,用我们的专业与爱,志愿地为百姓普及疾病健康护理知识,用我们的专业传递知识、传递技能;将我们编写的科普书籍赠送给新疆、云南、青海、四川等地,为他们送去温暖、送去关怀,送去健康教育。点滴之爱,汇聚成册,每一次行动,我们的每一位志愿者都会记录下自己的感受,汇编成志愿者日志,不断总结,不断进步。"不以善小而不为,不以恶小而为之",在一次次的志愿活动中,我们的精神境界得到提高,生活得到充实,并传播了爱的价值。

　　坚持、爱心、用心、奉献、快乐!在未来的日子里,我们将坚持不懈,在未来的工作中,我们将继续与志愿服务同行。爱是永恒的,志愿者是永远的。我志愿,我快乐。

后
记